ウソみたいだけど実在《じつざい》する！ 世《せ》界《かい》のめっちゃスゴい国《くに》

めっちゃスゴいよ！ビックリしないでよ！
…。むしろビックリしたいんだけど。

はじめに

日本《にほん》では、人《ひと》に会《あ》ったら「こんにちは」と言《い》いますね。

ご飯《はん》を食《た》べる時《とき》は、お箸《はし》を使《つか》います。

でも、世界《せかい》には「こんにちは」の代《か》わりが「ご飯《はん》食《た》べた？」だったり、

お箸《はし》の代《か》わりに手《て》で直接《ちょくせつ》ご飯《はん》を食《た》べる国《くに》があります。

「ウソみたい！」と思《おも》いますか？

でも、その国《くに》の人《ひと》たちにとっては、それが当《あ》たり前《まえ》のことなんです。

そんな「ウソみたい！」でも「地球《ちきゅう》のどこかの国《くに》にある、本当《ほんとう》のこと」が、

この本《ほん》にはたくさんのっています。

ところで、「国《くに》」ってなんでしょう？
実《じつ》は、国《くに》が「国《くに》」になるには、次《つぎ》の3つの条件《じょうけん》が必要《ひつよう》といわれています。
①土地《とち》がある　②人《ひと》が住《す》んでいる　③主権《しゅけん》がある※
これら3つの条件《じょうけん》を満《み》たしていても、「国《くに》」として認《みと》めてもらえないこともあります。
それを「未承認国家《みしょうにんこっか》」といいます。
この本《ほん》では、そんな未承認国家《みしょうにんこっか》も紹介《しょうかい》しています。
国《くに》だけではなく、一部《いちぶ》の地域《ちいき》や、大陸《たいりく》なども取《と》り上《あ》げています。

この本《ほん》を読《よ》み終《お》わると、もしかしたら、大人《おとな》よりもあなたの方《ほう》が物知《ものし》りになっているかもしれません。
この本《ほん》を読《よ》み終《お》わったとき、もしも「ほかにも、もっとスゴい国《くに》があるのかな？」と思《おも》ったら、今度《こんど》はあなたが、自分《じぶん》でも調《しら》べてみる番《ばん》です。

※主権《しゅけん》がある…自分《じぶん》たちのことを自分《じぶん》たちで決《き》める権利《けんり》があること

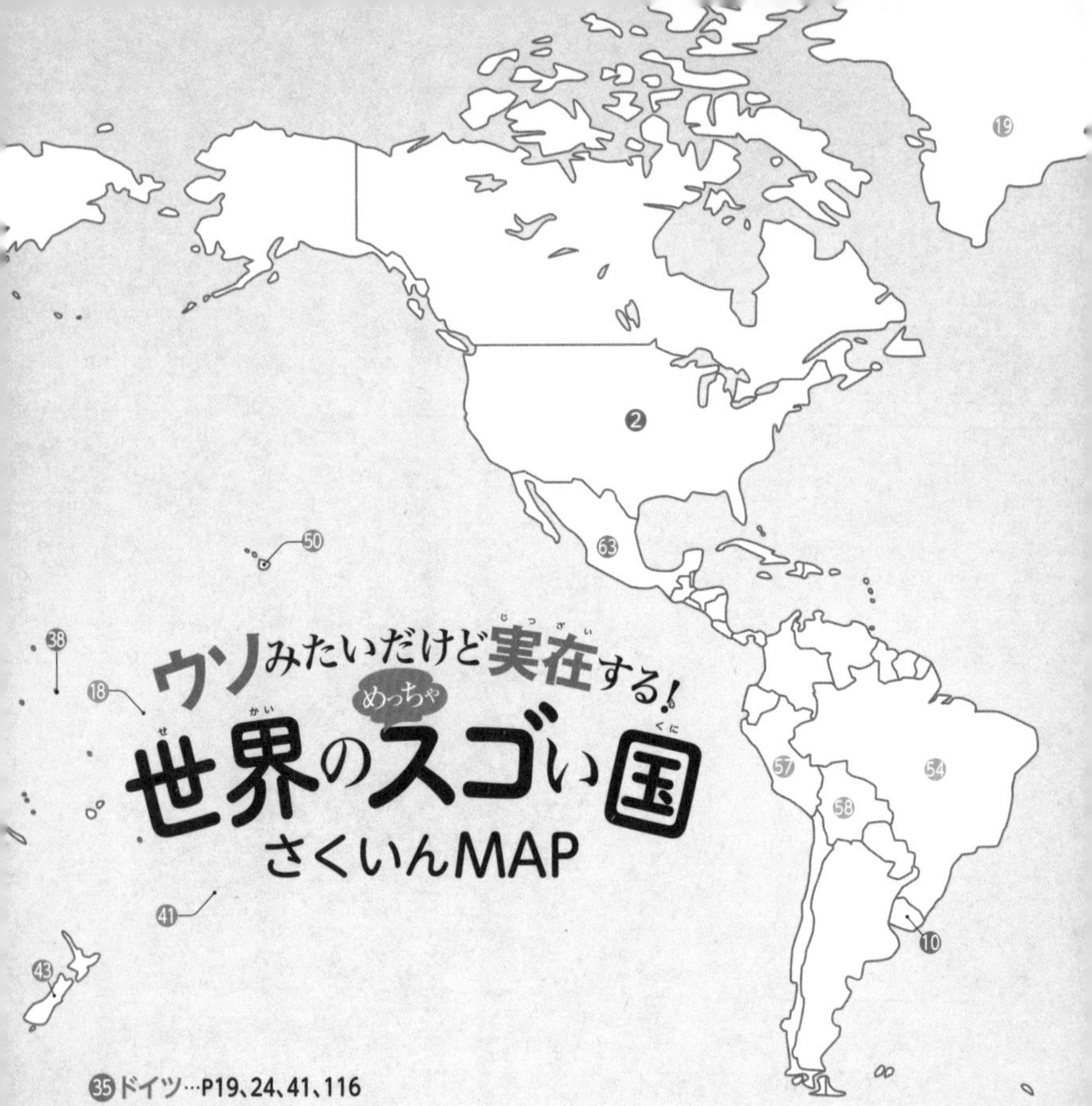

ウソみたいだけど実在《じつざい》する！ 世《せ》界《かい》のめっちゃスゴい国《くに》 さくいんMAP

①アトス…P16
②アメリカ…P30、31、76、83、98、104、111
③アラブ首長国連邦《しゅちょうこくれんぽう》…P102
④イギリス…P69、73、120
⑤イスラエル…P56
⑥イタリア…P64、119
⑦インド…P32、36、37、66、86、93、106
⑧インドネシア…P57、89
⑨ウクライナ…P110
⑩ウルグアイ…P112
⑪エジプト…P125
⑫エストニア…P95
⑬エスワティニ…P22
⑭エチオピア…P42、96
⑮オーストラリア…P75
⑯ガーナ…P82
⑰韓国《かんこく》…P88、94
⑱キリバス…P58
⑲グリーンランド…P48
⑳ケニア…P45、100、115
㉑コンゴ…P107
㉒サハ…P50
㉓シーランド公国《こうこく》…P12
㉔ジブチ…P51
㉕シンガポール…P26
㉖スイス…P68
㉗スウェーデン…P97
㉘スコットランド…P34
㉙スペイン…P62、72、77
㉚タイ…P28、39、65、121
㉛台湾《たいわん》…P90、91
㉜タンザニア…P54
㉝チベット…P114
㉞中国《ちゅうごく》…P84、92、127

ウソみたいだけど実在《じつざい》する！めっちゃ世界《せかい》のスゴい国《くに》

もくじ

第《だい》2章《しょう》 ウソみたいな 文化《ぶんか》・習慣《しゅうかん》・法律《ほうりつ》のある国《くに》

第《だい》3章《しょう》 ウソみたいな 自然《しぜん》・気候《きこう》の国《くに》

第《だい》4章《しょう》 ウソみたいな祭《まつ》り・イベントのある国《くに》

第《だい》5章《しょう》 ウソみたいな食《た》べ物《もの》・食習慣《しょくしゅうかん》がある国《くに》

第《だい》6章《しょう》 ウソみたいな人《ひと》がいる国《くに》

第《だい》7章《しょう》 実《じつ》は世界一《せかいいち》なんです。

ご利用にあたって

●本書に掲載している情報は、原則として2020年8月末日現在のものです。発行後に変更になる場合があります。●本書に掲載している各種データ、各国の首都・面積などは、一部を除き2020年8月末日現在の外務省「国・地域」ホームページにもとづいています。●国名や国旗は変更される場合があります。●本書に掲載している国名・地名は、通称名を用いている場合があります。●本書に掲載している地図は、わかりやすく各国を紹介するため、一部の離島を割愛していたり、国境線を簡略化している部分があります。●イラスト部分には、一部誇張した表現が含まれています。

第《だい》1章《しょう》

大人《おとな》もビックリする、ウソみたいな国《くに》

この章《しょう》では、大人《おとな》だって知《し》らない、オドロキの国々《くにぐに》を集《あつ》めました。読《よ》み終《お》わったら、お父《とう》さん、お母《かあ》さんに話《はな》してみてください。「知《し》らなかった!」とビックリされるはずです。「国《くに》」って何《なん》だろう?とギモンに思《おも》ったら、3ページ目《め》に戻《もど》ってくださいね。

Shutterstock / アフロ

シーランド公国

国民《こくみん》は家族《かぞく》だけ！元《もと》陸軍少佐《りくぐんしょうさ》が勝手《かって》に作《つく》った国《くに》。

国インフォ

シーランド公国《こうこく》

- 首都《しゅと》:シーランド
- 面積《めんせき》:207㎡
- 言語《げんご》:英語《えいご》

イギリスの沖合《おきあい》約《やく》10㎞に浮《う》かぶ頑丈《がんじょう》そうな構造物《こうぞうぶつ》。海《うみ》から伸《の》びる大《おお》きな2本《ほん》の円柱《えんちゅう》に甲板《かんぱん》がのっていて、**広《ひろ》さはだいたいテニスコート1枚分《まいぶん》**。もとは、イギリスが戦争中《せんそうちゅう》に建《た》てた「要塞《ようさい》」ですが、ここがシーランド公国《こうこく》です。私《わたし》たちがもつ「国《くに》」のイメージがひっくり返《かえ》りそうな見《み》た目《め》ですが、それもそのはず。独自《どくじ》の法律《ほうりつ》やお金《かね》、切手《きって》などはあるけれど、国際《こくさい》的《てき》に「国《くに》」として認《みと》められていない「未承認国家《みしょうにんこっか》」なのです。

1967年《ねん》9月《がつ》2日《か》、元《もと》イギリス陸軍少佐《りくぐんしょうさ》のロイ・ベーツが、この**要塞《ようさい》を乗《の》っ取《と》って独立《どくりつ》を宣言《せんげん》し**ました。当初《とうしょ》の人口《じんこう》は、ロイ・ベ

ーツと妻《つま》、息子《むすこ》、娘《むすめ》の家族《かぞく》4人《にん》のみ。国《くに》というより、もはや家《いえ》ですね。すぐにイギリス政府《せいふ》に訴《うった》えられましたが、シーランド公国《こうこく》は誰《だれ》もが自由《じゆう》に使《つか》える「公海《こうかい》」上《じょう》にあったため、訴《うった》えは却下《きゃっか》されました。その後《ご》、国王《こくおう》が追放《ついほう》されるクーデターや、国《くに》の半分《はんぶん》が焼《や》ける大火事《おおかじ》が起《お》こったりと、意外《いがい》と波乱万丈《はらんばんじょう》ですが、今《いま》もなお「国《くに》」として存在《そんざい》し続《つづ》けています。

そんな国《くに》の主《おも》な収入源《しゅうにゅうげん》は、まさかのインターネット通販《つうはん》。中《なか》でも、貴族《きぞく》の称号《しょうごう》である「爵位《しゃくい》」は、誰《だれ》でも買《か》えるとあって人気《にんき》だそう。数々《かずかず》の災難《さいなん》に通販《つうはん》の対応《たいおう》…。国家《こっか》存続《そんぞく》も楽《らく》ではないようです。

まめちしき ロイ・ベーツが亡《な》くなったあとは、息子《むすこ》が2代目国王《だいめこくおう》に即位《そくい》しました。

ハットリバー公国

農家《のうか》のおじさんが小麦畑《こむぎばたけ》で独立宣言《どくりつせんげん》！

えーい、こうなったら独立《どくりつ》だ！

国インフォ

ハットリバー公国《こうこく》
- 首都《しゅと》:ネーン
- 面積《めんせき》:75㎢
- 言語《げんご》:英語《えいご》

オーストラリア西部《せいぶ》のハットリバー公国《こうこく》もまた「未承認国家《みしょうにんこっか》」です。１９６９年《ねん》、当時《とうじ》、小麦《こむぎ》農家《のうか》だったレナード・キャスリーは、政府《せいふ》が決《き》めた小麦《こむぎ》の販売量《はんばいりょう》などに納得《なっとく》ができず、「だったら**独立《どくりつ》するぞ！**」と国《くに》を作《つく》ってしまいました。

国土《こくど》のほとんどは、小麦畑《こむぎばたけ》です。誰《だれ》でも訪《おとず》れることができ、入《い》り口《ぐち》では**初代国王《しょだいこくおう》の大《おお》きな石像《せきぞう》**がお出迎《でむか》え。パスポートに出入国《しゅつにゅうこく》スタンプを押《お》してくれて、独自《どくじ》の国旗《こっき》やお金《かね》も作《つく》られています。また、国王自《こくおうみずか》らが国内《こくない》を案内《あんない》してくれることもあるそう。世界《せかい》でいちばん親切《しんせつ》な「国《くに》」かもしれません。

まめちしき この国《くに》は新型《しんがた》コロナウイルスの影響《えいきょう》で、2020年《ねん》8月《がつ》に消滅《しょうめつ》しました。

マルタ騎士団

国土《こくど》がなくても「国《くに》」なんです。

国インフォ

エルサレム、ロードス及《およ》びマルタにおける聖《せい》ヨハネ主権軍事病院《しゅけんぐんじびょういん》騎士修道会《きししゅうどうかい》

- 首都《しゅと》:イタリア・ローマ・コンドッティ通《どお》り68
- 面積《めんせき》:0㎢
- 言語《げんご》:イタリア語《ご》

マルタ騎士団《きしだん》は、土地《とち》がないのに世界約《せかいやく》１００カ国《こく》から「国《くに》」として認《みと》められている、珍《めずら》しい存在《そんざい》です。もともとは、現在《げんざい》のイスラエルにある聖地《せいち》エルサレムで病院《びょういん》を運営《うんえい》していたキリスト教《きょう》の団体《だんたい》で、その起源《きげん》は１１００年頃《ねんごろ》という、とっても古《ふる》い組織《そしき》。

病気《びょうき》やケガの人《ひと》をお世話《せわ》するだけでなく、騎士団《きしだん》なだけあって闘《たたか》うことも得意《とくい》でした。過去《かこ》には、闘《たたか》いに勝《か》って自分《じぶん》たちの土地《とち》をゲットし、いわゆる「国《くに》」だった時代《じだい》もありました。領土《りょうど》だった地中海《ちちゅうかい》のマルタ島《とう》を失《うしな》ったあと、これまでの功績《こうせき》が評価《ひょうか》され、特別《とくべつ》に「国《くに》」としての地位《ちい》を得《え》たのです。

まめちしき 首都《しゅと》の所在地《しょざいち》は、マルタ騎士団本部《きしだんほんぶ》ビルがある場所《ばしょ》です。

アトス

家畜《かちく》もオスのみ！ 600年以上《ねんいじょう》 女《おんな》の人《ひと》がいない国《くに》。

国インフォ

アトス自治修道士《じちしゅうどうし》共和国《きょうわこく》

- 主要都市《しゅようとし》:カリエス
- 面積《めんせき》:336㎢
- 言語《げんご》:ギリシア語《ご》

この国《くに》に住《す》めるのは、ギリシア正教《せいきょう》という宗教《しゅうきょう》を信《しん》じる18才以上《さいいじょう》の男性《だんせい》のみ。このルールができた1406年以来《ねんいらい》、女《おんな》の人《ひと》は一人《ひとり》も住《す》んでいないどころか、立《た》ち入《い》りすら禁止《きんし》されています。観光《かんこう》に訪《おとず》れることができるのも男《おとこ》の人《ひと》のみ。牛《うし》や馬《うま》などの**家畜《かちく》**ですら、すべてオスという徹底《てってい》ぶりです。

約《やく》2000人《にん》が暮《く》らすアトスでの生活《せいかつ》は、祈《いの》る、学《まな》ぶ、働《はたら》く、食《た》べる、眠《ねむ》るといったシンプルで規則正《きそくただ》しいもの。食《た》べ物《もの》も自給自《じきゅうじ》足《そく》です。神様《かみさま》に少《すこ》しでも近《ちか》づくためには、「あぁ、あの女《おんな》の子《こ》、かわいいな」なんて、ドキドキしている時間《じかん》はないのです。

まめちしき 病気《びょうき》を広《ひろ》げるネズミを退治《たいじ》するため、猫《ねこ》だけは特別《とくべつ》にメスもいます。

ブルネイ

国民《こくみん》はみんな税金《ぜいきん》や病院《びょういん》がタダ。

国インフォ

ブルネイ・ダルサラーム国《こく》

●首都《しゅと》:バンダル・スリ・ブガワン

●面積《めんせき》:5765㎢

●言語《げんご》:マレー語《ご》

東南《とうなん》アジアにあるブルネイは、三重県《みえけん》ほどの大《おお》きさの小《ち》さな国《くに》。国名《こくめい》は「永遠《えいえん》に平和《へいわ》な国《くに》」という意味《いみ》で、「世界《せかい》で最《もっと》も裕福《ゆうふく》な国《くに》※」トップ10の常連《じょうれん》です。

病院代《びょういんだい》や公立学校《こうりつがっこう》の授業料《じゅぎょうりょう》がタダなうえ、所得税《しょとくぜい》や住民税《じゅうみんぜい》といった税金《ぜいきん》がかからない夢《ゆめ》の国《くに》。国《こく》王《おう》が生活《せいかつ》する宮殿《きゅうでん》は、「世界最大《せかいさいだい》の宮殿《きゅうでん》」としてギネス世界記録《せかいきろく》にものっています。なぜこんなにお金持《かねも》ちなのかというと、石油《せきゆ》や天然《てんねん》ガスなどの資源《しげん》がたくさんとれて、それらを世界《せかい》に売《う》っているから。国全体《くにぜんたい》が豊《ゆた》かなのは、ひとりじめをしない心豊《こころゆた》かな国王《こくおう》のおかげかもしれません。

まめちしき　国王《こくおう》が持《も》っている車《くるま》は5000台以上《だいいじょう》とのウワサも！

※国連《こくれん》の機関《きかん》「国際通貨基金《こくさいつうかききん》」が年《ねん》に2度《ど》発表《はっぴょう》するデータ

ブータン

国民《こくみん》の90%以上《いじょう》が「しあわせ」な国《くに》！

いつもニコニコ
ハッピーな国《くに》だよ

国インフォ

ブータン王国《おうこく》

- 首都《しゅと》:ティンプー
- 面積《めんせき》:3.84万《まん》km²
- 言語《げんご》:ゾンカ語《ご》

世界一《せかいいち》高《たか》い山《やま》、エベレストがそびえるヒマラヤ山脈《さんみゃく》の東側《ひがしがわ》にあるブータン。2015年《ねん》の調査《ちょうさ》では、90%以上《いじょう》の人《ひと》が「しあわせを感《かん》じる」と答《こた》えたスペシャルな国《くに》です。

この国《くに》では、国民総幸福量《こくみんそうこうふくりょう》という独自《どくじ》の考《かんが》え方《かた》で、国《くに》の発展《はってん》レベルをはかっています。これは国民《こくみん》に、毎日《まいにち》のすいみん時間《じかん》や、「家族《かぞく》は助《たす》け合《あ》っていますか」などの質問《しつもん》をして、その「しあわせ度《ど》」をはかるというもの。

モノやお金《かね》も大切《たいせつ》ですが、心《こころ》のしあわせがあってこそ、国《くに》が発展《はってん》していくという考《かんが》え方《かた》なのです。しあわせってなんだろう。考《かんが》えさせられますね。

まめちしき イケメン＆美女《びじょ》の国王夫妻《こくおうふさい》は2011年《ねん》に来日《らいにち》して大人気《だいにんき》に。

ドイツ

自転車専用《じてんしゃせんよう》の高速道路《こうそくどうろ》があります。

国インフォ

ドイツ連邦共和国《れんぽうきょうわこく》

●首都《しゅと》:ベルリン

●面積《めんせき》:35.7万《まん》㎢

●言語《げんご》:ドイツ語《ご》

自転車《じてんしゃ》を持《も》っている人《ひと》の割合《わりあい》が、オランダに次《つ》いで世界《せかい》で2番目《ばんめ》に多《おお》いドイツ。そんな「自転車大国《じてんしゃたいこく》」に、2016年《ねん》、自転車専用《じてんしゃせんよう》の高速道路《こうそくどうろ》が一部《いちぶ》オープンしました。

ここを走《はし》れるのは自転車《じてんしゃ》だけ。じゅうたいもなくスーイスイ。どんなに**スピードを出《だ》してもお母《かあ》さんに怒《おこ》られることがない**、夢《ゆめ》のような道路《どうろ》です。10の都市《とし》を結《むす》び、**すべて完成《かんせい》すれば全長《ぜんちょう》は約《やく》100km！** 地上《ちじょう》から宇宙《うちゅう》までの距離《きょり》とだいたい同《おな》じです。車《くるま》の高速道路《こうそくどうろ》と同《おな》じで信号《しんごう》がなく、追《お》いこし車線《しゃせん》もちゃんとあります。自転車《じてんしゃ》を使《つか》う人《ひと》がもっと増《ふ》えれば、かんきょうにも良《よ》いですね。

まめちしき　ドイツには、運転《うんてん》に自信《じしん》がない人向《ひとむ》けに自〝転〟車教習所《じてんしゃきょうしゅうじょ》があります。

ニュージーランド

とんでもメェ〜 見《み》渡《わた》す限《かぎ》りの ヒツジ天国《てんごく》！

国インフォ

ニュージーランド
- 首都《しゅと》：ウェリントン
- 面積《めんせき》：27.5万《まん》㎢
- 言語《げんご》：英語《えいご》

ギャー！
ヒツジに
潰《つぶ》される〜

南半球《みなみはんきゅう》にあるニュージーランドは、大自然《だいしぜん》にめぐまれた島国《しまぐに》。らく農《のう》が盛《さか》んなこの国《くに》では、人間《にんげん》よりもヒツジの方《ほう》がはるかに多《おお》いのです。都市《とし》から少《すこ》しはなれると、広大《こうだい》な牧草地《ぼくそうち》で、ゆったりと草《くさ》を食《た》べるモコモコした姿《すがた》をあちこちで見《み》ることができます。

2018年《なん》の調査《ちょうさ》によると、ヒツジの数《かず》は約《やく》2730万頭《まんとう》。人口約《じんこうやく》495万《まん》に対《たい》して5・5倍《ばい》にあたります。実《じつ》は、これでもずいぶん減《へ》ったそうで、ピーク時《じ》には人口《じんこう》の22倍《ばい》にあたる約《やく》7000万頭《まんとう》がいたとか。もはやヒツジだらけのヒツジ天国《てんごく》。うんこの始末《しまつ》が気《き》になるところです。

まめちしき　約《やく》3000種《しゅ》いるヒツジのうち、ニュージーランドにいるのは約《やく》30種《しゅ》。

パプアニューギニア

だいじな場面《ばめん》は貝《かい》がらのお金で。

国インフォ

パプアニューギニア独立国《どくりつこく》
●首都《しゅと》:ポートモレスビー
●面積《めんせき》:46.2万《まん》㎢
●言語《げんご》:英語《えいご》

パプアニューギニアの通貨《つうか》は「キナ」ですが、一部《いちぶ》の村《むら》や地域《ちいき》では、貝《かい》がらもお金《かね》として使《つか》われています。これは、貝《かい》がらに糸《いと》を通《とお》して輪《わ》っかにして、それをいくつも束《たば》ねたもの。**大《おお》きければ大《おお》きいほど価値《かち》があるとされ**、ずっと昔《むかし》から使《つか》われている立派《りっぱ》なお金《かね》なのです。今《いま》は、ふだんの買《か》い物《もの》で使《つか》われることは少《すく》ないのですが、結婚式《けっこんしき》や成人式《せいじんしき》、お葬式《そうしき》など、**人生《じんせい》のだいじな場面《ばめん》で贈《おく》られること**が多《おお》いそう。

使《つか》われる貝《かい》がらは、ただ海辺《うみべ》で拾《ひろ》ってくればいいわけではありません。その地方《ちほう》によって、貝《かい》の種類《しゅるい》や加工《かこう》の仕方《しかた》が違《ちが》うのです。

まめちしき　貝《かい》がらのお金《かね》を専門《せんもん》にあつかう銀行《ぎんこう》もあります。

エスワティニ

まさかの理由《りゆう》で名前《なまえ》が変《か》わった国《くに》。

国インフォ

エスワティニ王国《こくおう》

- 首都《しゅと》:ムババーネ
- 面積《めんせき》:1.7万《まん》㎢
- 言語《げんご》:スワティ語《ご》、英語《えいご》

エスワティニは、アフリカの南《みなみ》にある小《ちい》さな国《くに》。もともとは、スワジランドという国名《こくめい》でしたが、2018年《ねん》にとつじょ、現地語《げんちご》で「スワジ人《じん》の地《ち》」を意味《いみ》するエスワティニに変《か》えることが発表《はっぴょう》されました。

その理由《りゆう》は、国王《こくおう》のムスワティ3世《せい》によると「外国《がいこく》へ行《い》くたびに、スイスと間違《まちが》えられるから」。たしかに「Swaziland（スワジランド）」と、スイスの英語《えいご》表記《ひょうき》「Switzerland（スイッツァランド）」は、声《こえ》に出《だ》して読《よ》むと似《に》ていて、聞《き》き間違《まちが》えそうですが…。国王《こくおう》の意見《いけん》は絶対《ぜったい》なのでした。

まめちしき　ムスワティ3世《せい》には23人《にん》も子《こ》どもがいるとのウワサです。

ナウル

鳥《とり》のフンが思《おも》わぬ幸運《こううん》を運《はこ》んだ国《くに》。

国インフォ

ナウル共和国《きょうわこく》

●首都《しゅと》:ヤレン
●面積《めんせき》:21.1㎢
●言語《げんご》:ナウル語《ご》、英語《せいご》

太平洋《たいへいよう》にうかぶナウルは、東京《とうきょう》の品川区《しながわく》ほどの小《ちい》さな島国《しまぐに》。島《しま》はサンゴ礁《しょう》でできていますが、その上《うえ》にアホウドリのフンが積《つ》もり、長《なが》い時間《じかん》をかけてリン鉱石《こうせき》に変化《へんか》しました。このリン鉱石《こうせき》が、貴重《きちょう》な肥料《ひりょう》として世界中《せかいじゅう》でよく売《う》れ、**国《くに》は一気《いっき》に超《ちょう》リッチになった**のです。

リッチになると、国《くに》から生活費《せいかつひ》がもらえるようになり、税金《ぜいきん》や病院代《びょういんだい》、学費《がくひ》、水道代《すいどうだい》などがタダになりました。さらに、結婚《けっこん》すると家《いえ》が一軒《いっけん》もらえるという、まさに楽園状態《らくえんじょうたい》。人々《ひとびと》は働《はたら》かなくなりました。しかし、30年《ねん》ほどでリン鉱石《こうせき》はなくなり、**国《くに》のお金《かね》はスッカラカン**になってしまいました。

まめちしき 働《はたら》かない＆食事《しょくじ》が原因《げんいん》で、成人《せいじん》の7割《わり》が太《ふと》りすぎとの診断《しんだん》を受《う》けました。

ドイツ　ドイツは2つあった？

第二次世界大戦《だいにじせかいたいせん》で負《ま》けたドイツは、西側《にしがわ》をアメリカ、イギリス、フランスに、東側《ひがしがわ》をソ連《れん》(当時《とうじ》)に管理《かんり》されることになりました。やがて管理《かんり》する東西《とうざい》の国《くに》の仲《なか》が悪《わる》くなり、1949年《ねん》にドイツは西《にし》と東《ひがし》に分断《ぶんだん》されてしまいました。東《ひがし》ドイツ側《がわ》にあった首都《しゅと》のベルリンも東《ひがし》と西《にし》に分《わ》けられ、東西《とうざい》の人々《ひとびと》の行《い》き来《き》を防《ふせ》ぐため、西《にし》ベルリンの周《まわ》りには150kmにおよぶ壁《かべ》が造《つく》られました。その後《ご》、国民《こくみん》による不満《ふまん》の声《こえ》が大《おお》きくなっていったため、ついに1989年《ねん》にベルリンの壁《かべ》が崩壊《ほうかい》。翌年再《よくねんふたた》び統一《とういつ》されました。

まめちしき　壁《かべ》を越《こ》えようとして、亡《な》くなった人《ひと》もいます。

第《だい》2章《しょう》

ウソみたいな文化《ぶんか》・習慣《しゅうかん》・法律《ほうりつ》のある国《くに》

世界《せかい》の文化《ぶんか》がイロイロなのは、皆《みな》さんごぞんじの通《とお》り。中《なか》には、日本《にほん》ではOKとされていることが、外国《がいこく》ではダメだったりします。知《し》らないとタイホされちゃうかもしれないので要注意《ようちゅうい》。外国《がいこく》へ行《い》く前《まえ》に知《し》っておきましょう。

シンガポール

ガムをかんだら罰金《ばっきん》です。

コラー！
ガムを
かむなー！
I ♥ EARTH

国インフォ

シンガポール共和国《きょうわこく》

●首都《しゅと》:シンガポール
●面積《めんせき》:720㎢
●言語《げんご》:英語《えいご》、マレー語《ご》、中国語《ちゅうごくご》など

シンガポールでは、チューインガムをかんでいるとつかまります。基本的《きほんてき》には国内《こくない》で作《つく》ることも、海外《かいがい》から持《も》ちこむことも禁止《きんし》です。そのほかにも、ゴミやタバコのポイ捨《す》てはもちろん、道《みち》ばたでツバをはく、公衆《こうしゅう》トイレで水《みず》を流《なが》し忘《わす》れる、電車《でんしゃ》やバスで飲食《いんしょく》する、ハトなどの野鳥《やちょう》へエサをやる、庭《にわ》や植木《うえき》ばちに雨水《あまみず》をためる、などなど…。細《こま》かすぎて覚《おぼ》えられないほど、とにかく禁止《きんし》されていることが多《おお》いのです。守《まも》らないと高《たか》い罰金《ばっきん》を取《と》られます。

これらの厳《きび》しいルールのおかげで、街《まち》はいつもきれいに保《たも》たれているのです。

まめちしき　ガムを持《も》ちこんだときの罰金《ばっきん》は、なんと最高《さいこう》で約《やく》80万円《まんえん》です。

ハワイ(アメリカ)

横断歩道以外《おうだんほどういがい》で道路《どうろ》をわたると罰金《ばっきん》130ドル！

インフォ

ハワイ州《しゅう》
(アメリカ合衆国《がっしゅうこく》)
●州都《しゅうと》:ホノルル
●面積《めんせき》:2831㎢
●言語《げんご》:英語《えいご》

常夏《とこなつ》のリゾート、ハワイ。街中《まちなか》にはゆる～いフンイキがただよいますが、油断《ゆだん》するなかれ。ここにも厳《きび》しい罰則《ばっそく》が。ハワイでは、横断歩道《おうだんほどう》のないところで道《みち》をわたると、罰金《ばっきん》130ドル(日本円《にほんえん》で約《やく》1万《まん》4000円《えん》)が取《と》られます。横断歩道以外《おうだんはどういがい》のところを横断《おうだん》することをジェイウォークといい、ルールを守《まも》らない人《ひと》がたくさんいるため、罰金額《ばっきんがく》がどんどん上《あ》がっているのだとか。

また、携帯電話《けいたいでんわ》やデジタルカメラなどの電子機器《でんしきき》を使《つか》いながら横断歩道《おうだんほどう》をわたることも禁止《きんし》です。きれいな街並《まちな》みはつい撮影《さつえい》したくなってしまいますが、要注意《ようちゅうい》です。

まめちしき　赤信号《あかしんごう》へのカウントダウンが始《はじ》まってから横断歩道《おうだんほどう》をわたることも禁止《きんし》です。

タイ

飲酒運転《いんしゅうんてん》をしたら遺体安置所《いたいあんちじょ》へご案内《あんない》します。

国インフォ

タイ王国《おうこく》

●首都《しゅと》:バンコク
●面積《めんせき》:51.4万《まん》km²
●言語《げんご》:タイ語《ご》

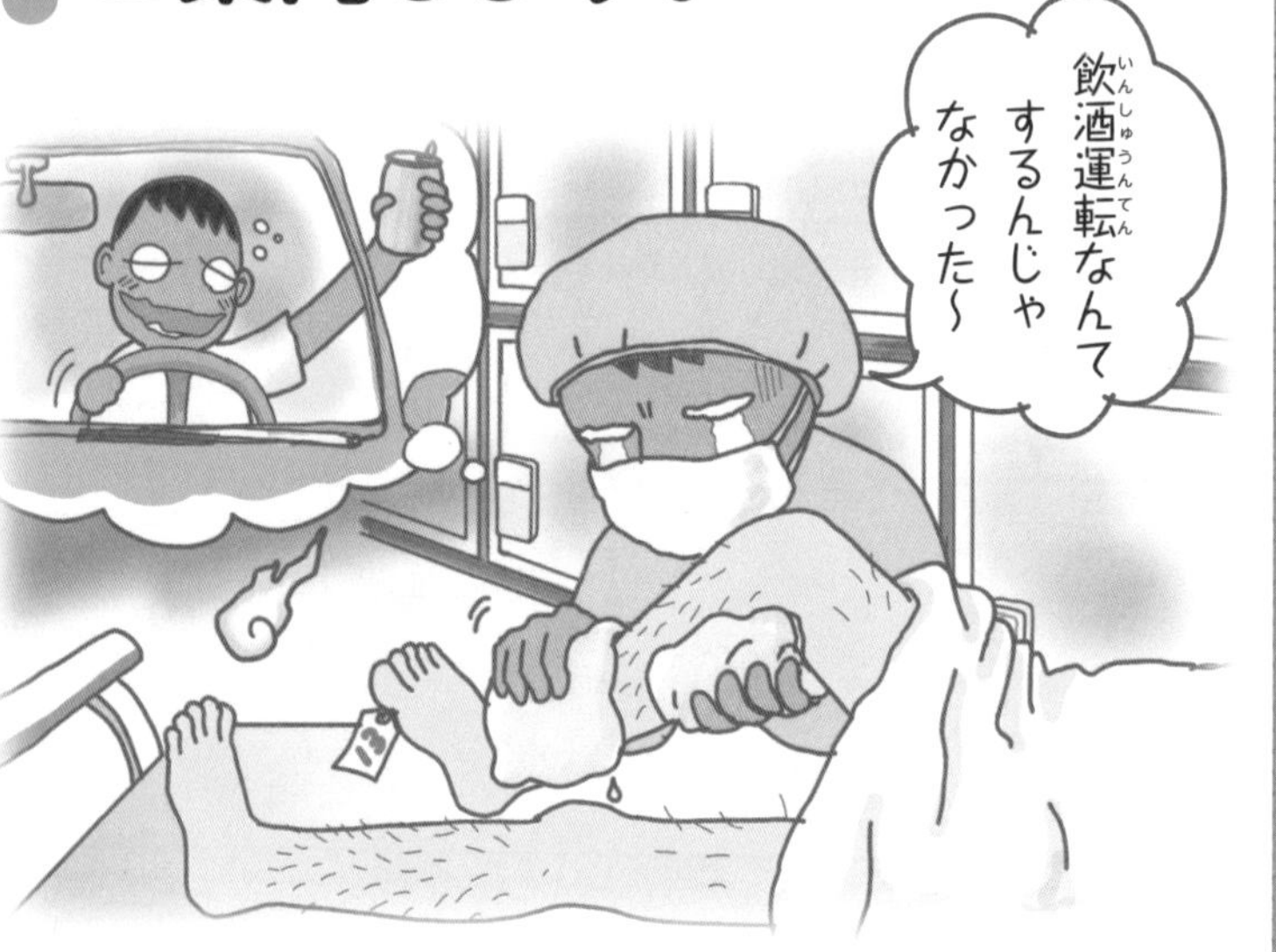

お酒《さけ》を飲《の》んで運転《うんてん》する人《ひと》や、スピードをかなり出《だ》す運転手《うんてんしゅ》が多《おお》いことから、交通事故《こうつうじこ》がひんぱんに起《お》こるタイ。交通事故《こうつうじこ》の死亡率《しぼうりつ》は世界《せかい》トップクラスです。

「どうすれば交通事故《こうつうじこ》を減《へ》らせるのか?」と考《かんが》え出《だ》されたのが、遺体安置所《いたいあんちじょ》(人《ひと》の死体《したい》を置《お》いておく場所《ばしょ》)でのおしごと。飲酒運転《いんしゅうんてん》をした人《ひと》に、遺体《いたい》を洗《あら》ったりふいたりする作業《さぎょう》をしてもらいます。遺体《いたい》に直接《ちょくせつ》ふれることで、飲酒運転《いんしゅうんてん》が「死《し》」につながることを実感《じっかん》でき、「命《いのち》は大切《たいせつ》だから、安全運転《あんぜんうんてん》をしよう!」と、ドライバーの意識《いしき》を変《か》えていくことができるとされています。

まめちしき タイの多《おお》くの交差点《こうさてん》では、赤信号《あかしんごう》でも左折《させつ》なら許《ゆる》されています。

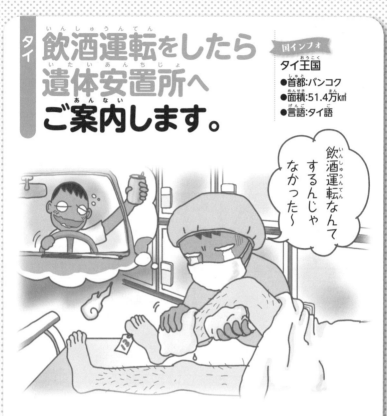

トルクメニスタン

メロンが好《す》きすぎて メロン記念日《きねんび》が できちゃいました。

国インフォ

トルクメニスタン

- ●首都《しゅと》:アシガバット
- ●面積《めんせき》:48.8万《まん》㎢
- ●言語《げんご》:トルクメン語《ご》

国土《こくど》のほとんどが砂漠《さばく》におおわれたトルクメニスタン。この国《くに》の知《し》る人《ひと》ぞ知《し》る特産品《とくさんひん》がメロンです。約《やく》400種類《しゅるい》が栽培《さいばい》されていて、街中《まちなか》の市場《いちば》ではさまざまなメロンが山積《やまづ》みに！　なんと、8月《がつ》には「メロンの日《ひ》」なる記念日《きねんび》まであります。これは、初代《しょだい》大統領《だいとうりょう》のニヤゾフが、メロンが好《す》きすぎて作《つく》ってしまった記念日《きねんび》。試食《ししょく》イベントなどが開催《かいさい》され、街《まち》はメロン一色《いっしょく》となります。

実《じつ》は、ニヤゾフ大統領《だいとうりょう》、「自分《じぶん》（ニヤゾフ）がカツラであることを報道《ほうどう》してはいけない」など、ヘンな法律《ほうりつ》をいくつも作《つく》ったという人物《じんぶつ》なのです。

まめちしき 口《くち》パクや、若者《わかもの》のヒゲ禁止《きんし》など、ほかにも独特《どくとく》な法律《ほうりつ》がたくさん！

アメリカ

学校《がっこう》の教室《きょうしつ》で おやつ食《た》べても いいんです。

国インフォ

アメリカ合衆国《がっしゅうこく》

- ●首都《しゅと》:ワシントンD.C.
- ●面積《めんせき》:962.8万《まん》㎢
- ●言語《げんご》:英語《えいご》

学校《がっこう》の教室《きょうしつ》でおやつをポリポリ——。アメリカの小学校《しょうがっこう》では、すこし変《か》わった光景《こうけい》が見《み》られます。お昼前《ひるまえ》に「おやつタイム」があるのです。子《こ》どもたちは毎日《まいにち》、お弁当《べんとう》のほかに、おやつを持《も》って登校《とうこう》します。ただし、おやつならなんでもいいわけではなく、ケーキやキャンディーはダメで、ポップコーンや脂肪分《しぼうぶん》の少《すく》ないヨーグルトやプリンならOKなど、ヘルシーなものがよいとされています。これは、子《こ》どもの肥満《ひまん》が多《おお》いから。そんな中《なか》、カロリー高《たか》めのポテトチップスをつまんでいる先生《せんせい》もいるとか。さすが「自由《じゆう》の国《くに》」アメリカです。

まめちしき　おやつにはベビーキャロット（小《ちい》さいにんじん）や野菜《やさい》スティックも人気《にんき》。

アメリカ

校長先生《こうちょうせんせい》もパジャマのままで学校《がっこう》へGO《ゴー》！

国インフォ

アメリカ合衆国《がっしゅうこく》

→ P30

アメリカの多《おお》くの小学校《しょうがっこう》では、「パジャマデー」が決《き》められています。その名《な》の通《とお》り、生徒《せいと》も先生《せんせい》もパジャマを着《き》て学校《がっこう》へ行《い》く日《ひ》のこと（ただし参加《さんか》は自由《じゆう》）。

お気《き》に入《い》りのぬいぐるみや枕《まくら》を持《も》って行《い》ったり、頭《あたま》にカーラーを巻《ま》いたりと、楽《たの》しみ方《かた》は人《ひと》それぞれ。この日《ひ》は、パジャマ姿《すがた》のまま授業《じゅぎょう》を受《う》けたり、特別《とくべつ》に教室《きょうしつ》でゴロゴロしながら映画《えいが》を観《み》たりするのだとか。朝起《あさお》きたままなのか、はたまたパジャマからパジャマへ着替《きが》えるのか、どちらなのでしょうか。アメリカの小学校《しょうがっこう》には、自由《じゆう》でユニークなイベントがいっぱいです。

まめちしき ヘンな髪型《かみがた》をしたり、服《ふく》を裏表《うらおもて》に着《き》て登校《とうこう》する日《ひ》もあります。

インド

インドには真《ま》っ青《さお》な街《まち》があります。

国インフォ

インド

- 首都《しゅと》:ニューデリー
- 面積《めんせき》:328.7万《まん》㎢
- 言語《げんご》:ヒンディー語《ご》

Bule Sky Studio / shutterstock.com

インド北西部《ほくせいぶ》、広大《こうだい》なタール砂漠《さばく》の入口《いりぐち》にある街《まち》がジョードプルです。迷路《めいろ》のように入《い》り組《く》んだ、古《ふる》い街並《まちな》みが今《いま》も残《のこ》る旧市街《きゅうしがい》に入《い》ると…。見渡《みわた》す限《かぎ》りの青《あお》！ 青《あお》！ 青《あお》!! 家《いえ》の壁《かべ》もとびらも、街全体《まちぜんたい》が真《ま》っ青《さお》なのです。この街《まち》は、その見《み》た目《め》のとおり、「ブルーシティ」ともよばれています。

青《あお》い理由《りゆう》についてはいくつもの説《せつ》があります。幻想的《げんそうてき》な街《まち》のフンイキとはうらはらに、シロアリを退治《たいじ》するために化学塗料《かがくとりょう》をぬったら青《あお》く変色《へんしょく》してしまったという、意外《いがい》と地味《じみ》な説《せつ》も。物語《ものがたり》の世界《せかい》に迷《まよ》い込《こ》んでしまったかのような、ふしぎな感覚《かんかく》をおぼえる街《まち》です。

まめちしき　インドのジャイプルは街中《まちじゅう》がピンク色《いろ》で、「ピンクシティ」とよばれています。

モロッコ

モロッコにも真《ま》っ青《さお》な街《まち》があります。

国インフォ

モロッコ王国《おうこく》

- 首都《しゅと》:ラバト
- 面積《めんせき》:44.6万《まん》㎢
- 言語《げんご》:アラビア語《ご》、ベルベル語《ご》、フランス語《ご》

Vixit / shutterstock.com

モロッコ北部《ほくぶ》、リフ山脈《さんみゃく》の奥深《おくふか》くにあるシャウエンもまた、「青《あお》い街《まち》」として有名《ゆうめい》です。家《いえ》の壁《かべ》だけでなく、**道路《どうろ》や階段《かいだん》までもが青《あお》く染《そ》められています。**その色彩《しきさい》は美《うつく》しく、あわい水色《みずいろ》から深《ふか》い青《あお》まで、さまざまな「青《あお》」が使《つか》われています。青《あお》い理由《りゆう》はこちらも諸説《しょせつ》ありますが、スペインの支配《しはい》からこの街《まち》へ逃《のが》れたユダヤ教徒《きょうと》たちが、**神聖《しんせい》な色《いろ》とする青色《あおいろ》に街《まち》を染《そ》めた**という説《せつ》が有力《ゆうりょく》です。

モロッコ最大《さいだい》の都市《とし》カサブランカから、電車《でんしゃ》とバスに乗《の》って1日《にち》かかる行《い》きづらい場所《ばしょ》にありますが、その美《うつく》しい街並《まちな》みは、世界中《せかいじゅう》の旅行者《りょこうしゃ》のあこがれです。

まめちしき　青《あお》には、虫《むし》を寄《よ》せつけない、すずしく感《かん》じる等《とう》の効果《こうか》もあるとか。

昔《むかし》はパンツをはいていなかったんだ

スコットランド(イギリス)

男性《だんせい》の正装《せいそう》はスカート!?

イギリスを構成《こうせい》する国《くに》の1つ、スコットランド。この国《くに》の男性《だんせい》は、結婚式《けっこんしき》などの特別《とくべつ》な行事《ぎょうじ》の時《とき》に、かわいらしいチェック柄《がら》の伝統《でんとう》的《てき》な衣装《いしょう》「キルト」を着《き》ます。

一見《いっけん》、スカートのようですが、生地《きじ》を腰《こし》に巻《ま》きつける「スカートのようなもの」。革製《かわせい》のかばんに、上《うえ》はワイシャツとネクタイ、ジャケット、足《あし》もとにはハイソックスを身《み》に着《つ》けるのが一般的《いっぱんてき》なスタイルです。

その起源《きげん》はさだかではありませんが、16世紀末《せいきまつ》には着用《ちゃくよう》された記録《きろく》が残《のこ》っています。昔《むかし》は、キルトの下《した》はまさかのノーパンでしたが、安心《あんしん》してください。今《いま》は、はいています。

国インフォ

スコットランド
(グレートブリテン及《およ》び北《きた》アイルランド連合王国《れんごうおうこく》)

- ●主要都市《しゅようとし》:エディンバラ
- ●面積《めんせき》:7.8万《まん》㎢
- ●言語《げんご》:英語《えいご》

まめちしき　キルトの柄《がら》「タータン」は氏族《しぞく》ごとに違《ちが》い、数百種類《すうひゃくしゅるい》もあります。

インド

牛《うし》は神聖《しんせい》。“牛渋滞《うしじゅうたい》”だから、発生中《はっせいちゅう》！

国インフォ

インド

→ P32

インドでは、都会《とかい》や田舎《いなか》、道路《どうろ》や街中《まちなか》、駅《えき》、店先《みせさき》など、ところかまわず牛《うし》がいます。寝転《ねころ》んでいたり、歩《ある》いていたり。どこにもつながれておらず、自由《じゆう》に動《うご》き回《まわ》っているのです。

インドの人々《ひとびと》は、牛《うし》のせいで渋滞《じゅうたい》が発生《はっせい》したり道《みち》をふさがれても、決《けっ》して叩《たた》いたりどなったりしません。牛肉《ぎゅうにく》も食《た》べません。なぜなら、牛《うし》は神聖《しんせい》な生《い》き物《もの》だから。インド人《じん》の約《やく》8割《わり》が信《しん》じているヒンドゥー教《きょう》では、牛《うし》に関《かん》する神話《しんわ》が多《おお》く、神様《かみさま》の乗《の》り物《もの》としても登場《とうじょう》します。ちなみに、野良牛《のらうし》のように見《み》えても、実《じつ》は、飼《か》い主《ぬし》がいることも多《おお》いんです。

まめちしき　インド人《じん》でも違《ちが》う宗教《しゅうきょう》なら牛肉《ぎゅうにく》を食《た》べる人《ひと》もいます。

インド

神様《かみさま》でもあり みんなの アイドルでもある！

国インフォ
インド
→ P32

ヒンドゥー教《きょう》は、多《おお》くの神様《かみさま》がいる「多神教《たしんきょう》」です。破壊《はかい》と再生《さいせい》の神《かみ》シヴァ、創造《そうぞう》の神《かみ》ブラフマー、維持《いじ》・修復《しゅうふく》の神《かみ》ヴィシュヌをはじめ、ラクシュミーやカーリーなど役割《わくわり》や特徴《とくちょう》はさまざまで、その数《かず》は数《かぞ》え切《き》れないほど。中《なか》でも、象《ぞう》の頭《あたま》を持《も》ち、商売《しょうばい》や学問《がくもん》の神《かみ》であるガネーシャは、インドで最《もっと》も人気《にんき》です。

ヒンドゥー教徒《きょうと》には、それぞれに好《す》きな神様《かみさま》がいて、その「推《お》し神《がみ》」のシールを車《くるま》や自転車《じてんしゃ》に貼《は》ったりしています。まるでアイドルのファンのよう。お店《みせ》にはシールをはじめ、ポスターやノートなど、神様《かみさま》グッズが売《う》られているのです。

まめちしき ヒンドゥー教徒《きょうと》は、キリスト教《きょう》、イスラム教《きょう》に次《つ》いで世界《せかい》で3番目《ばんめ》の多さ。

ミャンマー

首《くび》の長《なが》さは美人《びじん》のあかし！

国インフォ

ミャンマー連邦共和国《れんぽうきょうわこく》

- 首都《しゅと》:ネーピードー
- 面積《めんせき》:68万《まん》㎢
- 言語《げんご》:ミャンマー語《ご》

東南《とうなん》アジアのミャンマーやタイの山《やま》あいに暮《く》らすカヤン族《ぞく》。カヤン族《ぞく》の人《ひと》たちにとって美人《びじん》とは、「首《くび》が長《なが》いこと」です。

カヤン族《ぞく》の中《なか》で選《えら》ばれた女性《じょせい》は、幼《おさな》い頃《ころ》から金色《きんいろ》のリングを首《くび》につけます。成長《せいちょう》に合《あ》わせてリングの数《かず》は増《ふ》えていき、**最高《さいこう》で30本《ぼん》以上《いじょう》になることも！** 実際《じっさい》には、首《くび》がのびているのではなく、あごの高《たか》さが押《お》し上《あ》げられるのと同時《どうじ》に、時《とき》に10kg近《ちか》くにもなるというリングの重《おも》みで、鎖骨《さこつ》や肩《かた》の筋肉《きんにく》が変形《へんけい》し、首《くび》が長《なが》く見《み》えるのだそう。**このリングは一度《いちど》つけたら、寝《ね》るときもご飯《はん》を食《た》べるときも、外《はず》しません。**

まめちしき　首《くび》がかゆいときは長《なが》い棒状《ぼうじょう》のアクセサリーを使《つか》って掻《か》きます。

タイ

男《おとこ》の人《ひと》なら一生《いっしょう》に一度《いちど》はお坊《ぼう》さんになろう。

国インフォ
タイ王国《おうこく》
→ P28

国民《こくみん》の90％以上《いじょう》が仏教《ぶっきょう》を信《しん》じているタイでは、男性《だんせい》は「出家《しゅっけ》」することがとてもよいことだとされています。出家《しゅっけ》とは、ふだんの生活《せいかつ》をはなれ、お坊《ぼう》さんとなって修行《しゅぎょう》をすること。家族《かぞく》にとっても、息子《むすこ》が出家《しゅっけ》することはほこらしく、そのため1〜2週間《しゅうかん》ほど一時《いちじ》的《てき》に出家《しゅっけ》する人《ひと》も多《おお》いのです。

出家《しゅっけ》すると、黄衣《おうえ》というもめんの衣《ころも》をまとい、お経《きょう》をとなえながら鉢《はち》をもって家《いえ》を回《まわ》り食《た》べ物《もの》を受《う》けとったり、最大《さいだい》２２７の決《き》まりを守《まも》ったりしながら修行生活《しゅぎょうせいかつ》を送《おく》ります。

ただし、最近《さいきん》では出家《しゅっけ》しない人《ひと》も増《ふ》えてきているようです。

まめちしき　日本人向《にほんじんむ》けの短期出家《たんきしゅっけ》コースもあります。

ネパール

世界《せかい》にひとつだけ、四角《しかく》じゃない国旗《こっき》があります。

国インフォ

ネパール連邦民主共和国《れんぽうみんしゅきょうわこく》

- 首都《しゅと》:カトマンズ
- 面積《めんせき》:14.7万《まん》㎢
- 言語《げんご》:ネパール語《ご》

suphanat / shutterstock.com

国旗《こっき》とは、国《くに》を表《あらわ》すデザインが描《えが》かれた旗《はた》のこと。国旗《こっき》の形《かたち》に決《き》まりはありませんが、どの国《くに》も四角《しかく》い形《かたち》をしています。ただし、ネパールを除《のぞ》いては。

ネパールの国旗《こっき》は、三角形《さんかくけい》を2つくっつけたような、ユニークな形《かたち》をしています。王様《おうさま》と、王様《おうさま》を補佐《ほさ》する一族《いちぞく》が、かつて使《つか》っていた2つの三角《さんかく》の旗《はた》を組《く》み合《あ》わせたら、こんな形《かたち》になったのだとか。それと同時《どうじ》に、ネパールが世界《せかい》にほこるヒマラヤ山脈《さんみゃく》の形《かたち》も表《あらわ》しているそう。中《なか》に描《えが》かれた月《つき》と太陽《たいよう》には、同《おな》じくらい末長《すえなが》く国《くに》が栄《さか》えますように、という願《ねが》いがこめられているのです。

まめちしき　ヒマラヤは標高《ひょうこう》8848mの世界一高《せかいいちたか》い山《やま》、エベレストがある山脈《さんみゃく》です。

ドイツ

信号《しんごう》の待《ま》ち時間《じかん》にピンポンゲーム！

国インフォ
ドイツ連邦共和国《れんぽうきょうわこく》
→P19

「今日《きょう》の夕飯《ゆうはん》は何《なに》かなぁ」と考《かんが》えをめぐらせたり、何《なに》も考《かんが》えずボーっとしたり。信号《しんごう》が変《か》わるのを待《ま》っている時間《じかん》は、ちょっぴり長《なが》く感《かん》じます。そんな時間《じかん》を使《つか》って楽《たの》しんじゃおうというオドロキの試《こころ》みが、ドイツで行《おこな》われています。

ドイツの大学生《だいがくせい》が開発《かいはつ》した**「ストリートポン」**は、信号《しんごう》を待《ま》っている間《あいだ》、**横断歩道《おうだんほどう》の反対側《はんたいがわ》の人《ひと》と対戦《たいせん》できる**というピンポンゲーム。画面《がめん》に直接《ちょくせつ》ふれてプレイするタッチパネル式《しき》で、画面上《がめんじょう》には、おたがいの点数《てんすう》が表示《ひょうじ》されます。信号《しんごう》が青《あお》に変《か》わったら、ゲーム終了《しゅうりょう》。1日中《にちじゅう》信号機《しんごうき》でピンポンをする子《こ》どももいそうです。

まめちしき　今《いま》はドイツの一部《いちぶ》の地域《ちいき》でのみ、テスト的《てき》に取《と》り入《い》れられています。

エチオピア

5時《じ》はお昼前《ひるまえ》？ フシギな時間《じかん》の数《かぞ》え方《かた》。

国インフォ

エチオピア連邦民主共和国《れんぽうみんしゅきょうわこく》

- 首都《しゅと》:アディスアベバ
- 面積《めんせき》:109.7万《まん》㎢
- 言語《げんご》:アムハラ語《ご》、オロモ語《ご》、英語《えいご》など

日の出が
0時？
ややこしい…
ビューテホー…
?

国《くに》の歴史上《れきしじょう》、よその国《くに》に支配《しはい》されたことがほとんどないエチオピアには、この国《くに》にしかない文化《ぶんか》や習慣《しゅうかん》がたくさん残《のこ》っています。

例《たと》えば、時間《じかん》。1日《にち》の始《はじ》まりは他《ほか》の国《くに》でいう真夜中《まよなか》の0時《じ》ではなく、日《ひ》の出《で》から。エチオピアでは日《ひ》の出《で》を0時《じ》として、そこから数《かぞ》えて12時間《じかん》が1サイクルの「12時間制《じかんせい》」です。12時間《じかん》たつと、新《あたら》しく1時《じ》、2時《じ》…と数《かぞ》えていきます。1日《にち》のうちの2度目《どめ》の12時間《じかん》が終《お》わった時《とき》が、翌日《よくじつ》の0時《じ》です。

現地《げんち》で時間《じかん》の話《はなし》をするときは要注意《ようちゅうい》。エチオピア人《じん》に「5時《じ》に会《あ》いましょう」と言《い》われたら、早朝《そうちょう》ではなくお昼前《ひるまえ》のことですよ。

まめちしき　1カ月《かげつ》を30日《にち》とし、13カ月目《かげつめ》がある「エチオピアカレンダー」もあります。

ケニア

ライオンも倒《たお》せる最強《さいきょう》のスマホユーザー。

国インフォ

ケニア共和国《きょうわこく》

- ●首都《しゅと》:ナイロビ
- ●面積《めんせき》:58.3万《まん》㎢
- ●言語《げんご》:スワヒリ語《ご》、英語《えいご》

アフリカ大陸《たいりく》のケニア南部《なんぶ》からタンザニア北部《ほくぶ》に暮《く》らすマサイ族《ぞく》。赤《あか》い布《ぬの》を身《み》につけ、男性《だんせい》は長《なが》い槍《やり》と短《みじか》い剣《けん》で百獣《ひゃくじゅう》の王《おう》ライオンをも倒《たお》す「戦士《せんし》」とよばれる人々《ひとびと》です。電気《でんき》や水道《すいどう》がなく、牛《うし》のフンと泥《どろ》を混《ま》ぜて作《つく》った家《いえ》も多《おお》いなか、スマホを手《て》にする人《ひと》をあちこちで見《み》かけます。

放牧《ほうぼく》した牛《うし》の群《む》れの前後《ぜんご》で連絡《れんらく》を取《と》ったり、アプリで牛《うし》を売《う》り買《か》いしたり、あまり近代化《きんだいか》していない場所《ばしょ》だからこそ役《やく》に立《た》つ場面《ばめん》が多《おお》く、スマホを手放《てばな》せない人《ひと》が続出《ぞくしゅつ》。充電《じゅうでん》をするために、10km先《さき》の太陽光《たいようこう》パネルが付《つ》いた家《いえ》まで歩《ある》いて行《い》くこともあるそうです。

まめちしき　ケニアでは、2018年《ねん》に携帯電話《けいたいでんわ》の普及率《ふきゅうりつ》が100%に達《たっ》しました。

トルコ

地下《ちか》8階《かい》！ナゾの地下都市《ちかとし》。

ヨーロッパとアジアにまたがるトルコ。中央部《ちゅうおうぶ》の火山《かざん》でできた大地《だいち》カッパドキアで、巨大《きょだい》な地下《ちか》都市《とし》がいくつも見《み》つかっています。中《なか》でも最大規模《さいだいきぼ》のデリンクユは、深《ふか》さ85m、地下《ちか》8階《かい》まであって、とにかく広《ひろ》い！ 学校《がっこう》をはじめ、神様《かみさま》においのりする場所《ばしょ》や台所《だいどころ》、寝室《しんしつ》まで、**無数《むすう》の部屋《へや》が、迷路《めいろ》のような通路《つうろ》でつながっています。**飲《の》み水《みず》をためる貯水槽《ちょすいそう》や、時間《じかん》を知《し》るための砂時計《すなどけい》など、地下生活《ちかせいかつ》を送《おく》るための工夫《くふう》もたくさん。ここでは、アラブ人《じん》に追《お》われた**キリスト教徒《きょうと》たちが、1万人《まんにん》以上《いじょう》も暮《く》らしていた**とされていますが、いつ、誰《だれ》が造《つく》ったのかはナゾのままです。

国インフォ

トルコ共和国《きょうわこく》

- 面積《めんせき》:78万《まん》㎢
- 首都《しゅと》:アンカラ
- 言語《げんご》:トルコ語《ご》

まめちしき 一般公開《いっぱんこうかい》されていて見学可能《けんがくかのう》。国内《こくない》にはほかにも約《やく》40の地下都市《ちかとし》が。

イマはもうない!

ウソみたいな国《くに》や習《しゅう》·慣《かん》

フランス カツラ(ウィッグ)は流行《りゅうこう》の最先端《さいせんたん》!

学校《がっこう》の音楽室《おんがくしつ》に飾《かざ》られた作曲家《さっきょくか》の絵《え》は、ナゼみんなカツラをかぶっているのでしょう。実《じつ》は17世紀頃《せいきごろ》のヨーロッパでは、「カツラこそがおしゃれ」だったのです。大流行《だいりゅうこう》のきっかけは、フランスの国王《こくおう》ルイ13世《せい》でした。髪《かみ》の薄《うす》さに悩《なや》んでいたルイ13世《せい》は、23才《さい》で初《はじ》めてカツラをかぶります。その姿《すがた》が思《おも》いのほかイケていたようで、貴族《きぞく》や宮廷《きゅうてい》で働《はたら》く人々《ひとびと》、ひいては一般市民《いっぱんしみん》にまで広《ひろ》がり、大《だい》カツラブームに!
むすこのルイ14世《せい》は、より気合《きあい》の入《はい》ったカツラ愛用者《あいようしゃ》。40人《にん》の職人《しょくにん》をやとい、起床《きしょう》・夕食《ゆうしょく》・狩《か》り・儀式用《ぎしきよう》などの専用《せんよう》カツラを作《つく》らせました。

まめちしき 背《せ》が低《ひく》かったルイ14世《せい》は、ハイヒールも愛用《あいよう》していました。

第《だい》3章《しょう》

ウソみたいな自然《しぜん》・気候《きこう》の国《くに》

世界《せかい》には、ありえないくらい暑《あつ》すぎたり、寒《さむ》すぎたりする国《くに》があります。不思議《ふしぎ》な地形《ちけい》を逆《ぎゃく》に利用《りよう》して生活《せいかつ》する人々《ひとびと》もいます。地球《ちきゅう》は広《ひろ》いので、自然《しぜん》や気候《きこう》もいろいろ。大変《たいへん》だったり、実《じつ》は、その方《ほう》が都合《つごう》が良《よ》かったり。この章《しょう》では、びっくりするような環境《かんきょう》での人々《ひとびと》の暮《く》らしを紹介《しょうかい》します。

グリーンランド（デンマーク）

5～7月《がつ》の「白夜《びゃくや》」は、太陽《たいよう》が沈《しず》まない！

インフォ

グリーンランド
（デンマーク王国《おうこく》）
- ●主要都市《しゅようとし》：ヌーク
- ●面積《めんせき》：216.6万《まん》km²
- ●言語《げんご》：グリーンランド語《ご》など

土地《とち》の約80%が、1年中《ねんじゅう》氷《こおり》と雪《ゆき》におおわれているグリーンランド。地球《ちきゅう》のてっぺんにあたる北極点《ほっきょくてん》の近《ちか》くにあります。ここでは、5月《がつ》から7月《がつ》の終《お》わりごろまで、1日中《にちじゅう》太陽《たいよう》が出《で》ている「白夜《びゃくや》」が続《つづ》きます。夜《よる》でも明《あか》るいので、おそい時間《じかん》まで外《そと》で遊《あそ》べるのがサイコー！　ただし、ねるときも明《あか》るいまま。光《ひかり》をさえぎる特別《とくべつ》なカーテンをしないと、なかなか眠《ねむ》れなくて大変《たいへん》だそうです。

白夜《びゃくや》が起《お》こるのは、「地軸《ちじく》」という地球《ちきゅう》の中心《ちゅうしん》の棒《ぼう》がかたむいているから。グリーンランドでは夏《なつ》、地軸《ちじく》が太陽《たいよう》のほうを向《む》いたままになるので、ずっと明《あか》るいのです。

まめちしき　白夜《びゃくや》は、北欧《ほくおう》やロシア北部《ほくぶ》など、他《ほか》にも見《み》られる国《くに》があります。

ノルウェー

12月下旬《がつげじゅん》の「極夜《きょくや》」は太陽《たいよう》が出《で》てこない！

国インフォ

ノルウェー王国《おうこく》

- 首都《しゅと》:オスロ
- 面積《めんせき》:38.6万《まん》㎢
- 言語《げんご》:ノルウェー語《ご》など

「北極圏《ほっきょくけん》」とよばれる地域《ちいき》にあるノルウェーの北部《ほくぶ》は、1年《ねん》のうち3分《ぶん》の2が1日中暗《にちじゅうくら》いか明《あか》るいという、昼夜《ちゅうや》がこんがらがってしまいそうなところ。夏《なつ》は「白夜《びゃくや》」で日《ひ》が落《お》ちないから、人々《ひとびと》は真《ま》夜中《よなか》でも元気《げんき》いっぱいに動《うご》きます。大変《たいへん》なのは冬《ふゆ》。「極夜《きょくや》」は白夜《びゃくや》の反対《はんたい》で、**太陽《たいよう》がまったく当《あ》たらない日《ひ》が何日《なんにち》も続《つづ》きます。**昼《ひる》なのか夜《よる》なのか分《わ》からなくて、頭《あたま》の中《なか》がパニックになりそうです。さらに、**ずっと暗《くら》いままだと気分《きぶん》もどんよりしてくる**のだとか。これを解決《かいけつ》するためには、時計《とけい》を見《み》ながら、規則正《きそくただ》しい生活《せいかつ》を送《おく》るのがいいそうです。

まめちしき　極夜《きょくや》のときは、ほかの季節《きせつ》よりもオーロラがキレイに見《み》えます。

サハ（ロシア）

気温《きおん》マイナス50度《ど》！何《なに》もかもカチコチの国《くに》。

国インフォ

サハ共和国《きょうわこく》(ロシア連邦《れんぽう》)

- 主要都市《しゅようとし》:ヤクーツク
- 面積《めんせき》:310.3万《まん》㎢
- 言語《げんご》:ロシア語《ご》など

冬《ふゆ》の平均《へいきん》最低《さいてい》気温《きおん》はマイナス50度《ど》。過去《かこ》には最低《さいてい》気温《きおん》マイナス71度《ど》を記録《きろく》したというサハ共和国《きょうわこく》は、**人《ひと》が定住《ていじゅう》している地域《ちいき》では一番寒《いちばんさむ》い**です。外《そと》はまるで冷凍庫《れいとうこ》。

魚をつればすぐに凍ります。冷《つめ》たい空気《くうき》から身《み》を守《まも》るため、家《いえ》の壁《かべ》は厚《あつ》さが10㎝、窓《まど》ガラスは三重《さんじゅう》です。水道《すいどう》は凍《こお》ってしまうので、ありません。代《か》わりに給水車《きゅうすいしゃ》が週《しゅう》に1回《かい》、水《みず》を届《とど》けに来《き》ます。

こんなに寒《さむ》くても、洗《せん》たく物《もの》は外《そと》に干《ほ》します。数分《すうふん》で服《ふく》の表面《ひょうめん》の水分《すいぶん》が凍《こお》り、それをはらい落《お》とせば、もう乾《かわ》きます。その上《うえ》、ウイルスも生《い》きられない温度《おんど》なので、かぜもほとんどひきません。

まめちしき　トイレは外《そと》に穴《あな》をほっただけ。すぐ凍《こお》るからにおいません。

ジブチ

真夏《まなつ》の気温《きおん》は50度《ど》！ 暑《あつ》すぎて 虫《むし》も消《き》える！

国インフォ

ジブチ共和国《きょうわこく》

- 首都《しゅと》:ジブチ
- 面積《めんせき》:2.3万《まん》㎢
- 言語《げんご》:アラビア語《ご》など

ぐったり…
ぐったり…
ぐったり…

世界《せかい》で一番暑《いちばんあつ》い国《くに》といったら、アフリカ北東部《ほくとうぶ》の小《ち》いさな国《くに》、ジブチ。6～9月《がつ》はとくに暑《あつ》くて、平均最高気温《へいきんさいこうきおん》が連日《れんじつ》40度《ど》ぐらいになります。ときには50度《ど》を超《こ》える日《ひ》もあり、過去《かこ》には71度《ど》の日《ひ》もあったと伝《つた》えられています。

そんな暑《あつ》すぎる国《くに》では、朝《あさ》7時《じ》から仕事《しごと》を始《はじ》めて、午後《ごご》2時《じ》には帰《かえ》ります。これだけ気温《きおん》が高《たか》いと、扇風機《せんぷうき》をつけても熱《あつ》い風《かぜ》にしか当《あ》たれません。エアコンがない場合《ばあい》は、水《みず》でぬらした服《ふく》を着《き》たまま、昼寝《ひるね》をしてがまんします。それでもダメなら、エアコンが効《き》いている数少《かずすく》ない外国人向《がいこくじんむ》けスーパーですずむそうです。

まめちしき 暑《あつ》すぎて生《い》きられないため、夏《なつ》には蚊《か》やハエなどを見《み》かけません。

南極

世界一大《せかいいちおお》きな砂漠《さばく》は氷《こおり》だらけの南極《なんきょく》にあり！

インフォ

南極大陸《なんきょくたいりく》

- 南極《なんきょく》はどこの国《くに》のものでもありません。
- 面積《めんせき》:1388万《まん》㎢

世界最大《せかいさいだい》の砂漠《さばく》はどこか知《し》っていますか？　アフリカ大陸《たいりく》の約《やく》3分《ぶん》の1を占《し》めていて、じりじりと照《て》りつける太陽《たいよう》のもと、砂《すな》がどこまでも続《つづ》くサハラ砂漠《さばく》？　いいえ、正解《せいかい》は、南極《なんきょく》です！　でも、南極《なんきょく》の土地《とち》の98％は氷《こおり》におおわれていて、どこにも砂《すな》はありません。

実《じつ》は砂漠《さばく》というのは、次《つぎ》の2つの条件《じょうけん》がそろえばＯＫなのです。1つは「1年間《ねんかん》に降《ふ》る雨《あめ》の量《りょう》が250㎜以下《いか》」。もう1つは「雨《あめ》が降《ふ》る量《りょう》より、蒸発《じょうはつ》する量《りょう》のほうが多《おお》い」。つまり、乾《かわ》いた土地《とち》であることが大切《たいせつ》で、砂《すな》があるかどうかは関係《かんけい》ないのです。

まめちしき　南極《なんきょく》の観光《かんこう》ツアーのシーズンは11月中旬《がつちゅうじゅん》～3月中旬《がつちゅうじゅん》ごろ。

ポルトガル

巨大《きょだい》な岩《いわ》と家《いえ》が合体《がったい》！ナゾすぎる風景《ふうけい》の村《むら》。

国インフォ

ポルトガル共和国《きょうわこく》

●首都《しゅと》:リスボン市《し》
●面積《めんせき》:9.2万《まん》km²
●言語《げんご》:ポルトガル語《ご》

スペインとの国境《こっきょう》のそばにある、人口《じんこう》たった100人《にん》ほどの小《ちい》さな村《むら》モンサント。岩《いわ》におしつぶされた家《いえ》がたくさん…、かと思《おも》いきや、そうではありません。この村《むら》にある家《いえ》は、大昔《おおむかし》から大《おお》きな岩《いわ》を屋根《やね》や壁《かべ》の代《か》わりに使《つか》っているのです。そもそも、このような険《けわ》しい岩山《いわやま》の頂上《ちょうじょう》に村《むら》を造《つく》った理由《りゆう》は、ずばり「安全《あんぜん》だから」。12世紀《せいき》にはお城《しろ》も造《つく》られて、スペインとの戦争《せんそう》やナポレオンの攻撃《こうげき》にもたえました。また、なぜ巨石《きょせき》をそのまま屋根《やね》や壁《かべ》に利用《りよう》しているかというと、巨石《きょせき》が聖《せい》なるものだと信《しん》じられているから、という説《せつ》があります。

まめちしき　歴史的《れきしてき》な街並《まちなみ》から「最《もっと》もポルトガルらしい村《むら》」とよばれることも。

タンザニア

深《ふか》さ600mのクレーターにゾウやライオン！

タンザニアのンゴロンゴロという地域《ちいき》を空《そら》から見《み》てみると、ぽっかり穴《あな》が開《あ》いた場所《ばしょ》が。ここには絶滅《ぜつめつ》が心配《しんぱい》されるクロサイのほか、ゾウやライオン、ヒョウ、ガゼルといった野生動物《やせいどうぶつ》がたくさん暮《く》らしています。このクレーターは**300万年前《まんねんまえ》の噴火《ふんか》**でできたもので、直径《ちょっけい》は約《やく》20㎞。内側《うちがわ》には豊《ゆた》かな自然《しぜん》が広《ひろ》がり、**動物《どうぶつ》たちは水《みず》や食《た》べ物《もの》に困《こま》ることがありません。**

以前《いぜん》このクレーターには少数《しょうすう》民族《みんぞく》のマサイ族《ぞく》が住《す》んでいましたが、国立公園《こくりつこうえん》に指定《してい》されたことで追《お》い出《だ》されてしまいました。抗議《こうぎ》を受《う》け、現在《げんざい》はマサイ族《ぞく》の権利《けんり》を尊重《そんちょう》し遊牧《ゆうぼく》するためのクレーターへの出入《でい》りを許可《きょか》しています。

国インフォ

タンザニア連合共和国《れんごうきょうわこく》

●首都《しゅと》:ドドマ

●面積《めんせき》:94.5万《まん》㎢

●言語《げんご》:スワヒリ語《ご》など

まめちしき　1989年《ねん》に世界自然遺産《せかいしぜんいさん》に、2010年《ねん》に世界複合遺産《せかいふくごういさん》に登録《とうろく》されました。

イスラエル／ヨルダン

うき輪《わ》がなくても プカプカ うくんです！

国インフォ

イスラエル国《こく》

●首都《しゅと》:エルサレム
●面積《めんせき》:2.2万《まん》k㎡
●言語《げんご》:ヘブライ語《ご》など

ヨルダン

●首都《しゅと》:アンマン
●面積《めんせき》:8.9万《まん》k㎡
●言語《げんご》:アラビア語《ご》など

イスラエルとヨルダンの国境《こっきょう》にある塩《しお》の湖《みずうみ》、死海《しかい》。おそろしい名前《なまえ》のワケは、**塩分《えんぶん》が多《おお》すぎて魚《さかな》が住《す》めないため**。海水《かいすい》の塩分《えんぶん》は約3・5％ですが、死海《しかい》は約《やく》10倍《ばい》の30％。これはヨルダン川《がわ》から流《なが》れこむ、塩分《えんぶん》をふくんだ水《みず》が強《つよ》い日差《ひざ》しで蒸発《じょうはつ》して、どんどんこくなるからです。

塩分《えんぶん》が多《おお》いとものをうかせる力《ちから》が強《つよ》いので、かんたんに体《からだ》がうきます。**肌《はだ》にもいいので、温泉《おんせん》みたいに利用《りよう》する人《ひと》も**います。ただ、最近《さいきん》は開発《かいはつ》が進《すす》んで、死海《しかい》の水《みず》の量《りょう》が減《へ》ってきています。このままだと、2050年《ねん》には干上《ひあ》がってしまうかもしれません。

まめちしき　死海《しかい》があるのは海面下《かいめんか》約《やく》430m。世界《せかい》で最《もっと》も低《ひく》いところにある湖《みずうみ》です。

インドネシア

世界最大《せかいさいだい》のくさ〜い花《はな》が咲《さ》きます!

国インフォ

インドネシア共和国《きょうわこく》

- 首都《しゅと》:ジャカルタ
- 面積《めんせき》:192万《まん》㎢
- 言語《げんご》:インドネシア語《ご》

インドネシアのジャングルには、ラフレシアという世界最大《せかいさいだい》の花《はな》が咲《さ》いています。スゴいのは、その見《み》た目《め》。大《おお》きな口《くち》を開《あ》けているような姿《すがた》なので、**初《はじ》めて発見《はっけん》した人《ひと》は人食《ひとく》い花《ばな》だと思《おも》ったとか。**大《おお》きさは約《やく》1m。2020年《ねん》には、これまでで最《もっと》も大《おお》きい122㎝の花《はな》が見《み》つかりました。ラフレシアにはもう1つ、おもしろい点《てん》があります。**花《はな》からウンコみたいなくさいにおいがするのです。**これはハエにウンコとまちがえて止《と》まってもらい、花粉《かふん》を運《はこ》ばせるためのしかけ。ちなみに、花《はな》が咲《さ》くまでに約《やく》2年《ねん》かかりますが、咲《さ》いたら3日《か》ほどでかれてしまいます。

まめちしき ほかの植物《しょくぶつ》の根《ね》から栄養《えいよう》をとって育《そだ》つので、葉《は》も茎《くき》もありません。

キリバス

2050年《ねん》には国土の80%が海《うみ》に沈《しず》む!?

国インフォ

キリバス共和国《きょうわこく》

●首都《しゅと》:タラワ
●面積《めんせき》:730㎢
●言語《げんご》:キリバス語《ご》など

南太平洋《みなみたいへいよう》にうかぶキリバスは、33の島《しま》からなる小《ち》さな国《くに》で、海面《かいめん》からの高さは平均《へいきん》2m。このキリバスが今《いま》、大《だい》ピンチです。地球温暖化《ちきゅうおんだんか》（地球《ちきゅう》の気温《きおん》が上《あ》がっていること）の影響《えいきょう》で、海面《かいめん》が毎年数《まいとしすう》㎜ずつ上《あ》がり、街《まち》の一部《いちぶ》が水《みず》びたしになることが増《ふ》えてきたのです。このままだと**2050年《ねん》**までに、**首都《しゅと》のあるタラワ島《とう》の80%が沈《しず》ん**でしまうかもしれません。政府《せいふ》はいざというときに備《そな》えて、別《べつ》の国《くに》に広《ひろ》い土地《とち》を買《か》いました。**最悪《さいあく》の場合《ばあい》、すべての国民《こくみん》を引《ひ》っこしさせるため**です。そうならないように、世界全体《せかいぜんたい》でキリバスを救《すく》う方法《ほうほう》を考《かんが》える必要《ひつよう》がありそうです。

まめちしき 海面《かいめん》の上昇《じょうしょう》は、氷河《ひょうが》が溶《と》けることで起《お》きるといわれています。

バングラデシュ

メロンサイズの「ひょう」が人間《にんげん》をおそう！

国インフォ

バングラデシュ人民共和国《じんみんきょうわこく》

- 首都《しゅと》:ダッカ
- 面積《めんせき》:14.7万《まん》㎢
- 言語《げんご》:ベンガル語など

「ひょう」はかみなり雲《ぐも》から降《ふ》ってくる直径《ちょっけい》5㎜以上《いじょう》の氷《こおり》のつぶ。ときには、ゴルフボール大《だい》になることもあります。バングラデシュはひょうが降《ふ》りやすい国《くに》で、1986年《ねん》には約《やく》1kgの、メロン1玉《たま》とほぼ同《おな》じ重《おも》さのひょうが街《まち》をおそいました。このとき、92人《にん》がひょうに当《あ》たって亡《な》くなりました。鉄道大国《てつどうたいこく》のバングラデシュでは、鉄道《てつどう》の屋根《やね》にも人《ひと》が乗《の》るので、犠牲者《ぎせいしゃ》が多《おお》かったのかもしれません。日本《にほん》ではひょうが降《ふ》らないよう、かみなり雲《ぐも》に向《む》かって大砲《たいほう》を打《う》ち、その強力《きょうりょく》な音《おと》と震動《しんどう》でひょうをぶっこわす装置《そうち》もありますが、効果《こうか》はあまりないようです。

まめちしき　世界一大《せかいいちおお》きいのは、1917年《ねん》に埼玉県《さいたまけん》に降《ふ》った直径《ちょっけい》29.6㎝のひょう。

フランス　そのままアレができるスカート!?

中世《ちゅうせい》ヨーロッパでは、大《おお》きくふくらんだ「フープスカート」が流行《りゅうこう》しました。このスカートが誕生《たんじょう》した理由《りゆう》は、「立《た》ったまま、周《まわ》りに見《み》られることなく用《よう》を足《た》せるから」。当時《とうじ》のトイレ事情《じじょう》には問題《もんだい》が多《おお》く、排《はい》せつ物《ぶつ》は路上《ろじょう》に捨《す》てられ、街《まち》にはウンコの臭《にお》いがただよっていたそう。フランスのパリにある、きらびやかなヴェルサイユ宮殿《きゅうでん》にすら、一般用《いっぱんよう》のトイレはナシ。人々《ひとびと》は、あのスカートの中《なか》に「おまる」を忍《しの》ばせて、所《ところ》かまわず用《よう》を足《た》し、その後《ご》は、おまるの中身《なかみ》を庭《にわ》へポイ。中《なか》には、おまるを使《つか》わずにそのまま庭《にわ》でしていた人《ひと》もいたそうです。

まめちしき　香水《こうすい》や、宮殿《きゅうでん》に咲《さ》くバラは「臭《にお》い消《け》し」として活躍《かつやく》しました。

第《だい》4章《しょう》

ウソみたいな祭《まつ》り・イベントのある国《くに》

「祭《まつ》り」を辞書《じしょ》でひくと、神仏《しんぶつ》や祖先《そせん》をまつる儀式《ぎしき》、お祝《いわ》いのための行事《ぎょうじ》、などと説明《せつめい》が出《で》ています。世界《せかい》に目《め》を向《む》けると、ずいぶんイロイロな祭《まつ》りがあるようです。中《なか》には旅行者《りょこうしゃ》など地元《じもと》以外《いがい》の人《ひと》が参加《さんか》できるお祭《まつ》りもあるみたいですよ。

スペイン トマトをぶつけあう祭《まつ》りがある!

情熱《じょうねつ》の国《くに》といわれるスペインでは、1年中《ねんじゅう》どこかで祭《まつ》りが行《おこな》われています。なかでもスゴいのが、トマトをお互《たが》いにぶつけあう**トマティーナ**という祭《まつ》り。毎年《まいとし》8月《がつ》に、東部《とうぶ》の街《まち》ブニョールで開催《かいさい》され、5万人《まんにん》もの人《ひと》が集《あつ》まります。昔《むかし》、ある若者《わかもの》たちがケンカでトマトを投《な》げあったのが始《はじ》まり、といわれています。使《つか》われるトマトの量《りょう》は、なんと**トラック5~6台《だい》分《ぶん》**。1時間《じかん》におよぶトマトバトルの後《あと》は、**街《まち》も人《ひと》も真《ま》っ赤《か》っ赤**です。「トマトは投《な》げる前《まえ》に適度《てきど》につぶす」「Tシャツは破《やぶ》らない」などのルールが一応《いちおう》ありますが、「食《た》べ物《もの》をそまつにしてはいけません」というルールはないようです。

国インフォ

スペイン王国《おうこく》
●首都《しゅと》:マドリード
●面積《めんせき》:50.6万《まん》㎢
●言語《げんご》:スペイン語《ご》など

まめちしき　トマトまみれになって、カメラがこわれてしまった人《ひと》もいます。

イタリア

武器《ぶき》はオレンジ！果汁《かじゅう》が飛《と》びちるイタ〜いお祭《まつ》り。

国インフォ

イタリア共和国《きょうわこく》

- ●首都《しゅと》:ローマ
- ●面積《めんせき》:30.1万《まん》㎢
- ●言語《げんご》:イタリア語《ご》など

昔《むかし》、たくさんの小《ちい》さな国《くに》に分《わ》かれていたイタリアには、地方《ちほう》ごとにいろんな祭《まつ》りがあります。北部《ほくぶ》の町《まち》イヴレーアで行《おこな》われるのは、なんとオレンジを使《つか》ったバトル。3日間《かかん》にわたり、9チームに分《わ》かれた市民《しみん》が数百《すうひゃく》トンものオレンジを投《な》げ合《あ》います。皮《かわ》がかたいので当《あ》たると大変《たいへん》。血《ち》が出《で》たりあざができたり、毎年《まいとし》けが人《にん》が出《で》ます。

この祭《まつ》りは、昔《むかし》いたひどい領主《りょうしゅ》と、市民《しみん》との戦《たたか》いを表《あらわ》すもの。以前《いぜん》は豆《まめ》を投《な》げていましたが、19世紀《せいき》にオレンジに変《か》わりました。ただし、オレンジはこの地域《ちいき》では育《そだ》たないので、わざわざ南《みなみ》イタリアから仕入《しい》れているそうです。

まめちしき　赤《あか》い帽子《ぼうし》をかぶっていれば、オレンジをぶつけられずにすみます。

タイ

お正月《しょうがつ》のお祝《いわ》いに水《みず》をぶっかけあう!?

国インフォ

タイ王国《おうこく》

→P28

街《まち》を歩《ある》いていると、知《し》らない人《ひと》がいきなり水鉄《みずでっ》ぽうを打《う》ってくる！　みんなで水《みず》をかけあい盛《も》り上《あ》がるのが、毎年《まいとし》4月《がつ》にタイで行《おこな》われる「ソンクラーン」です。

これはタイの旧正月《きゅうしょうがつ》にあたる、1年《ねん》で一番重要《いちばんじゅうよう》な祭《まつ》り。タイには年長者《ねんちょうしゃ》の手《て》や仏像《ぶつぞう》に水《みず》をかけて清《きよ》める習慣《しゅうかん》がありますが、それがいつしか大量《たいりょう》の水《みず》をかけあう盛大《せいだい》なお祭《まつ》りになったのだとか。

この日《ひ》は一部《いちぶ》の人《ひと》を除《のぞ》き、だれに水《みず》をかけてもOK。外国人《がいこくじん》にも手加減《てかげん》せずに、バケツやホースで思《おも》い切《き》りかけますが、ずぶぬれになるほどよいこととされているので、決《けっ》しておこってはいけません。

まめちしき　おぼうさんや警察官《けいさつかん》、王族《おうぞく》には水《みず》をかけてはいけない決《き》まりです。

インド

街《まち》じゅうがカラフルな色《いろ》に染《そ》まる！

年中《ねんじゅう》どこかでお祭《まつ》りが行《おこな》われているお祭《まつ》り大国《たいこく》・インド。なかでもインパクト大《だい》なのが「ホーリー」です。毎年《まいとし》3月《がつ》ごろ、**春《はる》の訪《おとず》れを祝《いわ》って行《おこな》う**ヒンドゥー教《きょう》の行事《ぎょうじ》で、「色《いろ》の祭《まつ》り」ともよばれます。

この日《ひ》はお金持《かねも》ちもしょ民《みん》も関係《かんけい》なく、だれもが思《おも》いきり楽《たの》しめる日《ひ》。**「ハッピー・ホーリー！」**と言《い》いながら、**知《し》らない人《ひと》にも色《いろ》の粉《こな》や色水《いろみず》をかけたり、なすりつけたりして大《おお》さわぎ！** 粉《こな》は派手《はで》な色《いろ》の化学染料《かがくせんりょう》が多《おお》く、服《ふく》や体《からだ》につくとなかなかとれません。全身《ぜんしん》ベタベタになりますが、インドの人《ひと》にとって、日《ひ》ごろのストレス解消《かいしょう》にはいい機会《きかい》。スッキリして、また次《つぎ》の祭《まつ》りまでがんばるのです。

ハッピー・ホーリー！ばんざーい！

国インフォ

インド

→P32

Johnny Adolphson / shutterstock.com

まめちしき　クリシュナ神《しん》が恋人《こいびと》の顔《かお》に色《いろ》をぬった神話《しんわ》が、ホーリーの起源《きげん》です。

スイス

仕事《しごと》なんてそっちのけ。オフィスチェアで大爆走《だいばくそう》！

国インフォ

スイス連邦《れんぽう》

- 首都《しゅと》:ベルン
- 面積《めんせき》:4.1万《まん》km²
- 言語《げんご》:ドイツ語《ご》、フランス語《ご》、イタリア語《ご》など

オフィスチェアとは、会社《かいしゃ》などでよく使《つか》われている、回転《かいてん》したり移動《いどう》したりできるキャスターつきのイスのこと。**このイスに乗《の》って速《はや》さを競《きそ》う大会《たいかい》**があります。スイスのオルテンで行《おこな》われる、「オフィスチェア世界選手権《せかいせんしゅけん》」です。

この選手権《せんしゅけん》は2000年《ねん》に始《はじ》まりました。ふつうのオフィスチェアにひとりで乗《の》る部門《ぶもん》と、改造《かいぞう》したイスに何人《なんにん》かで乗《の》る部門《ぶもん》があり、**坂道《さかみち》をすべって早《はや》くゴールしたら勝《か》ち。**とくに改造《かいぞう》したイスは、もとがイスとは思《おも》えないカッコよさで、参加者《さんかしゃ》の仮装《かそう》も見《み》ごたえありです。人気《にんき》の大会《たいかい》なので、ドイツでも何度《なんど》か開催《かいさい》されています。

まめちしき　コースの途中《とちゅう》には障害物《しょうがいぶつ》や段差《だんさ》があり、転《ころ》ぶ人《ひと》もけっこういます。

イギリス

フライパン片手《かたて》に ダッシュダッシュ！

国インフォ

グレートブリテン及《およ》び北《きた》アイルランド連合王国《れんごうおうこく》
- 首都《しゅと》:ロンドン
- 面積《めんせき》:24.3万《まん》㎢
- 言語《げんご》:英語《えいご》

一風変《いっぷうか》わった祭《まつ》りが多《おお》いイギリス。毎年《まいとし》2月《がつ》ごろのパンケーキの日《ひ》には、各地《かくち》でパンケーキレースが開催《かいさい》されます。エプロンをつけ、パンケーキ入《い》りのフライパンを持《も》って走《はし》るユニークな大会《たいかい》です。

レースの始《はじ》まりは1445年《ねん》。オルニーの町《まち》の主婦《しゅふ》がパンケーキを焼《や》いていたせいでお祈《いの》りに遅《おく》れそうになり、フライパンを持《も》って教会《きょうかい》へ走《はし》ったのが由来《ゆらい》です。

オルニーでは女性《じょせい》たちが、教会《きょうかい》までの約《やく》380mを走《はし》ります。男性《だんせい》も参加《さんか》できますが、その場合《ばあい》は女装《じょそう》しなければならないそう。優勝者《ゆうしょうしゃ》には、教会《きょうかい》の堂守《どうもり》※から「平和《へいわ》のキス」がおくられます。

まめちしき　イギリスのパンケーキはうすくて、ちょっとクレープに似《に》ています。

※教会《きょうかい》の番《ばん》をする人《ひと》

フィンランド

愛《あい》する妻《つま》をかついで走《はし》れ!

国インフォ

フィンランド共和国《きょうわこく》

- 首都《しゅと》:ヘルシンキ
- 面積《めんせき》:33.8万《まん》㎢
- 言語《げんご》:フィンランド語《ご》など

夫《おっと》が妻《つま》をかついで走《はし》る、奥様運《おくさまはこ》び世界選手権《せかいせんしゅけん》は、フィンランド発祥《はっしょう》です。1990年代《ねんだい》にソンカヤルヴィの街《まち》で始《はじ》まったもので、昔《むかし》森《もり》に住《す》んでいたとうぞくが、**村《むら》の女性《じょせい》をかついで連《つ》れ去《さ》ったという言《い》い伝《つた》えから**生《う》まれました。

参加者《さんかしゃ》の多《おお》くは、男性《だんせい》の頭《あたま》のうしろに女性《じょせい》のおしりが来《く》るふしぎなかつぎ方《かた》ですが、これが最《もっと》も安定《あんてい》するそう。長《なが》さ約《やく》250mのコースに設《もう》けられた、ハードルやプールなどの障害物《しょうがいぶつ》をこえて走《はし》ります。**優勝賞品《ゆうしょうしょうひん》は奥《おく》さんの体重《たいじゅう》と同《おな》じ重《おも》さのビール。**奥《おく》さんが重《おも》いほど、優勝《ゆうしょう》しがいがあるのです。

まめちしき 結婚《けっこん》していなくても、恋人《こいびと》や知《し》り合《あ》いと参加《さんか》できます。

フィンランド

見《み》えないギターをかきならせ!!

うますぎる!
このかれいな指《ゆび》さばきを見《み》よ!
×
○
○
△
?

国インフォ

フィンランド共和国《きょうわこく》

→ P70

フィンランドのユニークな大会《たいかい》といえば、エアギター世界選手権《せかいせんしゅけん》です。エアギターとは、音楽《おんがく》に合《あ》わせて、**まるで本物《ほんもの》のギターをひいているかのように演《えん》じるもの**。西部《せいぶ》の都市《とし》オウルで、1996年《ねん》から開催《かいさい》されています。

毎年《まいとし》8月《がつ》、世界中《せかいじゅう》から集《あつ》まった参加者《さんかしゃ》が、きらびやかな衣装《いしょう》でパフォーマンスをくり広《ひろ》げます。**見《み》る人《ひと》をどれだけ楽《たの》しませたかが採点《さいてん》のポイント**で、実物《じつぶつ》のギターをひけなくても、問題《もんだい》なし。2006年《ねん》と2007年《ねん》には、日本《にほん》からの参加者《さんかしゃ》、お笑《わら》いコンビ・ダイノジの大地洋輔《おおちようすけ》さんが2連覇《れんぱ》を果《は》たしています。

まめちしき　エアギター選手権《せんしゅけん》で優勝《ゆうしょう》すると、実物《じつぶつ》のギターがもらえます。

スペイン

牛《うし》と街《まち》をかけぬける けが人《にん》続出《ぞくしゅつ》の大《おお》さわぎ！

国インフォ

スペイン王国《おうこく》

→ P62

国技《こくぎ》が闘牛《とうぎゅう》のスペインには、牛《うし》が登場《とうじょう》する祭《まつ》りがたくさんあります。その代表《だいひょう》が、7月《がつ》にパンプローナで開催《かいさい》される「サン・フェルミン祭《さい》」で、別名《べつめい》**「パンプローナの牛《うし》追《お》い祭《まつ》り」**。起源《きげん》は1100年代《ねんだい》に行《おこな》われていた宗教行事《しゅうきょうぎょうじ》と家《か》ちくの見本市《みほんいち》で、それらが1つになったものです。

祭《まつ》り中《ちゅう》、最《もっと》も盛《も》り上《あ》がるのが、エンシエロという牛追《うしお》い。12頭《とう》の牛《うし》と3000もの人《ひと》が、**闘牛場《とうぎゅうじょう》までの848mをかけぬける**光景《こうけい》は大迫力《だいはくりょく》です。角《つの》に突《つ》かれるなどして毎年《まいとし》けが人《にん》が続出《ぞくしゅつ》し、時《とき》には死者《ししゃ》も出《で》るという、ウソみたいなスゴいお祭《まつ》りです。

まめちしき 参加者《さんかしゃ》は、白《しろ》い衣装《いしょう》と赤《あか》いスカーフを身《み》につけ牛《うし》を挑発《ちょうはつ》します。

イギリス

チーズも人《ひと》もゴロゴロ！

国インフォ

グレート・ブリテン及《およ》び北《きた》アイルランド連合王国《れんごうおうこく》

→ P69

丘《おか》の上《うえ》から大《おお》きなチーズを転《ころ》がし、それを追《お》いかける人々《ひとびと》が、草《くさ》の斜面《しゃめん》をはずむように転《ころ》がり落《お》ちる…。思《おも》わず笑《わら》ってしまいそうなこんな祭《まつ》りが、イギリスのグロスターという街《まち》の近《ちか》くで行《おこな》われています。祭《まつ》りの由来《ゆらい》は「春《はる》の訪《おとず》れを祝《いわ》うため」「自分《じぶん》の土地《とち》であることを人《ひと》に知《し》らせるため」などさまざまで、はっきりとはわかっていません。でも、200年《ねん》ほど前《まえ》にはすでに行《おこな》われていたというからオドロキです。

坂《さか》を下《くだ》って最初《さいしょ》にゴールラインをこえた人《ひと》が勝《か》ち。けが人《にん》も多《おお》く危険《きけん》なレースですが、そのスリルが魅力《みりょく》なのだとか。

まめちしき　この大会《たいかい》の優勝賞品《ゆうしょうしょうひん》は、追《お》いかけていたチーズです。

フィンランド

携帯電話《けいたいでんわ》を一番遠《いちばんとお》くまで投《な》げた人《ひと》が勝《か》ち！

国インフォ

フィンランド共和国《きょうわこく》

→P70

携帯電話《けいたいでんわ》は、普通《ふつう》投《な》げるものではないですよね。なんと、それをぶん投《な》げてよいというユニークな大会《たいかい》が、フィンランドのサヴォンリンナで開催《かいさい》されます。**湖《みずうみ》に勝手《かって》に捨《す》てられたたくさんの携帯電話《けいたいでんわ》を活用《かつよう》**するために、２０００年《ねん》に始《はじ》まったものです。

参加者《さんかしゃ》は、用意《ようい》された携帯《けいたい》から好《す》きなものを選《えら》んで投《な》げます。飛距離《ひきょり》のほかに、フォームの美《うつく》しさを競《きそ》う部門《ぶもん》もあります。なんと、これまでに１１０m以上《いじょう》飛《と》ばした記録《きろく》も。ちょっと投《な》げにくい形《かたち》ですが、ストレス発散《はっさん》にはうってつけ。優勝賞品《ゆうしょうしょうひん》はフィンランドの携帯会社《けいたいかいしゃ》、ノキアの携帯《けいたい》です。

まめちしき　ノルウェー、ベルギー、イギリスなどでも開催《かいさい》されています。

オーストラリア

これもスポーツ!? マグロ版《ばん》ハンマー投《な》げ。

国インフォ

オーストラリア連邦《れんぽう》

- ●首都《しゅと》:キャンベラ
- ●面積《めんせき》:769.2万《まん》㎢
- ●言語《げんご》:英語《えいご》など

世界《せかい》には、変《か》わったものを投《な》げる大会《たいかい》がたくさんあります。オーストラリア南部《なんぶ》のポート・リンカーンで投《な》げるのは、なんとマグロ。この街《まち》で1962年《ねん》から毎年《まいとし》1月《がつ》に行《おこな》われている「ツナラマ・フェスティバル」の目玉《めだま》が、マグロ投《な》げコンテストです。これは昔《むかし》、ポート・リンカーンの新《あたら》しい事業《じぎょう》として進《すす》められていたマグロ漁業《ぎょぎょう》が盛《さか》んになるようにと願《ねが》って考案《こうあん》されました。

参加者《さんかしゃ》は、8〜10kgのマグロを回転《かいてん》しながら投《な》げて飛距離《ひきょり》を競《きそ》います。なんと37m以上《いじょう》も宙《ちゅう》を舞《ま》った記録《きろく》もある、マグロもビックリのコンテストです。

まめちしき 予選《よせん》ではレプリカを、決勝《けっしょう》では本物《ほんもの》のマグロを投《な》げます。

アメリカ

世界中《せかいじゅう》の双子《ふたご》が「双子《ふたご》の街《まち》」に集結《しゅうけつ》！

国インフォ

アメリカ合衆国《がっしゅうこく》

→ P30

そっくりだったり、意外《いがい》に似《に》ていなかったりと、興味《きょうみ》がつきない存在《そんざい》の双子《ふたご》。そんな双子《ふたご》や三《み》つ子《ご》、四《よ》つ子《ご》が3000組《くみ》も集《あつ》まるイベントが、アメリカ北東部《ほくとうぶ》の街《まち》ツインズバーグで行《おこな》われています。ツインズバーグとは「双子《ふたご》の街《まち》」の意味《いみ》。1976年《ねん》、アメリカ独立《どくりつ》200周年《しゅうねん》を記念《きねん》し、双子《ふたご》の日《ひ》を設《もう》けたのが始《はじ》まりです。

会場《かいじょう》にはおそろいの服《ふく》を着《き》た双《ふた》子《ご》があふれ、パレードなどを行《おこな》います。双子《ふたご》でなくてもお祭《まつ》り会場《かいじょう》で一緒《いっしょ》に楽《たの》しむことはできます。ここで出会《であ》った双子同士《ふたごどうし》が結婚《けっこん》して同《おな》じ時期《じき》に妊娠《にんしん》したという、びっくりするような話《はなし》もあるそうです。

まめちしき　最初《さいしょ》の年《とし》の双子《ふたご》の日《ひ》の参加者《さんかしゃ》は、たったの37組《くみ》だったそうです。

スペイン

赤《あか》ちゃんの上《うえ》を悪魔《あくま》がジャンプ？

国インフォ

スペイン王国《おうこく》

→ P62

道《みち》の上《うえ》に横《よこ》たわる赤《あか》ちゃんを、黄色《きいろ》い衣装《いしょう》の男《おとこ》たちが飛《と》びこえる…。

こんなふしぎな祭《まつ》りが、スペイン北部《ほくぶ》の村《むら》で行《おこな》われています。祭《まつ》りの名《な》は、「悪魔《あくま》」を意味《いみ》するエル・コラーチョ。「赤《あか》ちゃんジャンピング」が一番《いちばん》のみどころです。

この祭《まつ》りの歴史《れきし》は古《ふる》く、1620年頃《ねんごろ》に始《はじ》まったとされますが、起源《きげん》はわかっていません。黄色《きいろ》い服《ふく》は悪魔役《あくまやく》。何人《なんにん》も並《なら》べられている赤《あか》ちゃんの上《うえ》で、もし転《ころ》んだらとハラハラしますが、軽々《かるがる》と赤《あか》ちゃんを飛《と》びこえ、周囲《しゅうい》から歓声《かんせい》があがります。これで悪魔《あくま》は通《とお》り過《す》ぎ、赤《あか》ちゃんは病気《びょうき》や不幸《ふこう》から逃《のが》れられると信《しん》じられているのです。

まめちしき　この祭《まつ》りの主役《しゅやく》は悪魔《あくま》なので、悪魔《あくま》のパレードやダンスも行《おこな》われます。

メキシコ

陽気《ようき》なガイコツたちと明《あか》るく楽《たの》しむメキシコのお盆《ぼん》。

国インフォ

メキシコ合衆国《がっしゅうこく》

- 首都《しゅと》:メキシコシティ
- 面積《めんせき》:196万《まん》㎢
- 言語《げんご》:スペイン語《ご》など

華《はな》やかで独特《どくとく》な祭《まつ》りが多《おお》いメキシコで、最大《さいだい》のものが「死者《ししゃ》の日《ひ》」です。11月《がつ》のこの日《ひ》は死《し》んだ人《ひと》の魂《たましい》が戻《もど》る日《ひ》とされ、盛大《せいだい》にお祝《いわ》いします。２０１７年公開《ねんこうかい》の映画《えいが》『リメンバー・ミー』にも、この祭《まつ》りが描《えが》かれ話題《わだい》になりました。

死者《ししゃ》の日《ひ》は、先住民《せんじゅうみん》アステカ族《ぞく》が死者《ししゃ》の世界《せかい》の女神《めがみ》にささげていた祭《まつ》りと、キリスト教《きょう》の祭日《さいじつ》が混《ま》ざり合《あ》って今《いま》の形《かたち》になったもの。この日《ひ》、祭《さい》だんやお墓《はか》は花《はな》で飾《かざ》られ、街《まち》はガイコツの仮装《かそう》をした人《ひと》であふれます。明《あか》るくにぎやかに死者《ししゃ》をむかえるのが、日本《にほん》のお盆《ぼん》との違《ちが》い。きっと死者《ししゃ》たちもノリノリで楽《たの》しんでいるはずです。

まめちしき　飾《かざ》りには、死者《ししゃ》をよぶ花《はな》としてマリーゴールドがよく使《つか》われます。

ペルー

クリスマスになぐり合《あ》い!? でもすぐ仲直《なかなお》り。

国インフォ

ペルー共和国《きょうわこく》

- 首都《しゅと》:リマ
- 面積《めんせき》:129万《まん》㎢
- 言語《げんご》:スペイン語《ご》、ケチュア語《ご》、アイマラ語《ご》など

キリスト教徒《きょうと》にとって神聖《しんせい》な日《ひ》であるクリスマスになぐり合《あ》う、ボクサーもびっくりの祭《まつ》りがあります。ペルーのサント・トマス村《むら》の「タカナクイ」で、別名《べつめい》「けんか祭《まつ》り」。昔《むかし》、村《むら》を支配《しはい》していたスペイン人《じん》に抵抗《ていこう》したことを記念《きねん》する祭《まつ》りがもとになっています。

たたかいたい人《ひと》は、**その年《とし》で一番腹《いちばんはら》が立《た》った相手《あいて》を指名《しめい》**します。使《つか》うのはパンチとキック。ちゃんと審判《しんぱん》がいて、やりすぎないよう見《み》ていてくれます。勝《か》っても負《ま》けても、**最後《さいご》には抱《だ》き合《あ》って仲直《なかなお》り。**こうすることで積《つ》もったうらみを晴《は》らし、スッキリした気分《きぶん》で新年《しんねん》をむかえられるのです。

まめちしき　「タカナクイ」は、ケチュア語《ご》で「なぐり合《あ》い」という意味《いみ》。

フィンランド

ドリブルは絶対《ぜったい》ムリ！泥《どろ》んこサッカー大会《たいかい》。

国インフォ

フィンランド共和国《きょうわこく》

→P70

ボールを
けるだけでも
たいへん！

フィンランドのヒュリュンサルミで毎年開催《まいとしかいさい》される沼《ぬま》サッカーは、**スキー選手《せんしゅ》が夏《なつ》に沼地《ぬまち》を走《はし》って足《あし》をきたえた**ことにヒントを得《え》て、1998年《ねん》に始《はじ》まりました。

大会《たいかい》には2000人《にん》以上《いじょう》が参加《さんか》し、各《かく》チーム6人《にん》、10分《ぷん》ハーフで行《おこな》います。ルールはふつうのサッカーとだいたい同《おな》じですが、動《うご》きは全然違《ぜんぜんちが》います。**ピッチはドロドロで、転《ころ》んだり足《あし》が沈《しず》んだりして体力《たいりょく》をうばわれます。**でも、なぜかみんなうれしそう。泥《どろ》まみれで遊《あそ》ぶのは大人《おとな》でも楽《たの》しいこと。中《なか》には泥《どろ》んこになりたくて参加《さんか》する人《ひと》もいるのだとか。

まめちしき　長野県伊那市《ながのけんいなし》でも、2006年《ねん》から田《た》んぼサッカーが行《おこな》われています。

ニジェール

お嫁《よめ》さんがほしい！化粧《けしょう》もバッチリの美男子《びだんし》コンテスト。

国インフォ

ニジェール共和国《きょうわこく》

- ●首都《しゅと》：ニアメ
- ●面積《めんせき》：126.7万《まん》㎢
- ●言語《げんご》：フランス語《ご》、ハウサ語《ご》、ジェルマ語《ご》など

化粧《けしょう》をしたり、アクセサリーをつけたりするのは、一般的《いっぱんてき》には女性《じょせい》のほうが大半《たいはん》。でも、世界《せかい》には男性《だんせい》がおしゃれをして、美男子《びだんし》を決めるコンテストがあります。西《にし》アフリカのニジェールなどに暮《く》らすボロロ族《ぞく》が行《おこな》う、グレウォールという祭《まつ》りです。

この日《ひ》、男性《だんせい》は白《しろ》く美《うつく》しい歯《は》を強調《きょうちょう》するために赤《あか》や黄色《きいろ》の粉《こな》で何時間《なんじかん》もかけて化粧《けしょう》をし、横一列《よこいちれつ》に並《なら》んで歌《うた》いながらおどります。イケメンの条件《じょうけん》である豊《ゆた》かな表情《ひょうじょう》を印象付《いんしょうづ》けるためにヘン顔《がお》をしたりして、美《うつく》しさを猛《もう》アピール。数人《すうにん》の女性《じょせい》が男性《だんせい》を選《えら》ぶと、自動的《じどうてき》にカップルが成立《せいりつ》するのです。

まめちしき　ボロロ族《ぞく》は遊牧民《ゆうぼくみん》。周辺国《しゅうへんこく》との間《あいだ》を行《い》き来《き》して暮《く》らしています。

ガーナ

ゆかいな棺桶《かんおけ》に ダンスパーティー！

明《あか》るく楽《たの》しいお葬式《そうしき》。

国インフォ

ガーナ共和国《きょうわこく》

- 首都《しゅと》:アクラ
- 面積《めんせき》:23.9万《まん》㎢
- 言語《げんご》:英語《えいご》、アカン語《ご》、ダバニ語《ご》など

鳥《とり》や猫、パイナップルの棺《ひつぎ》!? 世界《せかい》には死《し》にまつわるさまざまな習慣《しゅうかん》がありますが、おもしろいのが西《にし》アフリカのガーナ。**この国《くに》の人々《ひとびと》が使《つか》う棺桶《かんおけ》は、しばしば動物《どうぶつ》や乗《の》り物《もの》、食《た》べ物《もの》などの形《かたち》をして**います。こうした棺桶《かんおけ》は1950年《ねん》ごろに作《つく》られ始《はじ》めたもので、形《かたち》は死者《ししゃ》の生前《せいぜん》の仕事《しごと》や趣味《しゅみ》などにちなんでいるそう。

お葬式《そうしき》では大音量《だいおんりょう》で音楽《おんがく》を流《なが》し、おどったりお酒《さけ》を飲《の》んだりしてお祭《まつ》り状態《じょうたい》。**死《し》は新《あら》たな人生《じんせい》の始《はじ》まり**で、にぎやかにお祝《いわ》いすべきと考《かんが》えられています。ところ変《か》われば葬式《そうしき》も変《か》わる。日本式《にほんしき》とガーナ式《しき》、あなたはどっちが好《す》き？

まめちしき 葬式《そうしき》で棺桶《かんおけ》をかついでおどるガーナ人《じん》のパフォーマンスも話題《わだい》です。

アメリカ

アートで命《いのち》がけ!? 世界一過酷《せかいいちかこく》な砂漠《さばく》の夏祭《なつまつ》り。

国インフォ

アメリカ合衆国《がっしゅうこく》

→ P30

砂漠《さばく》に1週間《しゅうかん》だけ街《まち》ができるぞ!

Photoshot / GettyImages

毎年《まいとし》8月《がつ》、アメリカ北西部《ほくせいぶ》の砂漠《さばく》にブラックロック・シティという街《まち》がとつじょ出現《しゅつげん》し、「バーニングマン」というイベントが開催《かいさい》されます。このイベントは、1986年《ねん》に2人《り》のアメリカ人《じん》が海辺《うみべ》で木製《もくせい》の像《ぞう》を燃《も》やしたのが始《はじ》まり。8万《まん》もの人《ひと》が参加《さんか》し、音楽《おんがく》や絵画《かいが》、大道芸《だいどうげい》など、**自分《じぶん》のやりたいことで精一杯自分《せいいっぱいじぶん》を表現《ひょうげん》します。**

水《みず》や食料《しょくりょう》など、生《い》きていくために必要《ひつよう》なものはすべて、参加者《さんかしゃ》が用意《ようい》して、**1週間《しゅうかん》ほかの参加者《さんかしゃ》と協力《きょうりょく》しあって生《い》きぬかないといけません。**そして、祭《まつ》りが終《お》わると、砂漠《さばく》の街《まち》は跡形《あとかた》もなく消《き》えうせてしまうのです。

まめちしき 用意《ようい》されているのは仮設《かせつ》トイレと冷蔵庫《れいぞうこ》代《が》わりの氷《こおり》だけです。

中国 男子《だんし》は全員《ぜんいん》この髪型《かみがた》にするべし!

1636～1912年《ねん》まで続《つづ》いた、中国最後《ちゅうごくさいご》の王朝《おうちょう》「清朝《しんちょう》」。この時代《じだい》の男子《だんし》はみな、頭髪《とうはつ》をそり、頭《あたま》の上《うえ》に少《すこ》しだけ残《のこ》した髪《かみ》をのばして三《み》つ編《あ》みにする「べん髪《ぱつ》」という髪型《かみがた》をしていました。中国《ちゅうごく》の各地《かくち》で昔《むかし》から見《み》られていた髪型《かみがた》です。これは、国《くに》が強制的《きょうせいてき》に決《き》めた制度《せいど》で、国民《こくみん》からはおどろきの声《こえ》が上《あ》がりましたが、従《したが》わなければ殺《ころ》されてしまいます。中《なか》には、この髪型《かみがた》にするのがイヤすぎて、「べん髪《ぱつ》のカツラ」をつけていたツワモノも。べん髪《ぱつ》スタイルは、1912年《ねん》に清朝《しんちょう》が滅《ほろ》びるまでの約《やく》250年間《ねんかん》も続《つづ》きました。

まめちしき べん髪《ぱつ》＝味方《みかた》とし、髪型《かみがた》によって敵《てき》と味方《みかた》を区別《くべつ》していました。

第《だい》5章《しょう》

ウソみたいな食《た》べ物《もの》・食習慣《しょくしゅうかん》がある国《くに》

国《くに》や人《ひと》が違《ちが》えば、食《た》べる食材《しょくざい》、使《つか》う食器《しょっき》、その土地《とち》の食《た》べ方《かた》、どれをとっても意外《いがい》なものばかり。世界《せかい》では色々《いろいろ》なものが色々《いろいろ》な方法《ほうほう》で食《た》べられています。そんなオドロキの食《た》べ物《もの》や食習慣《しょくしゅうかん》を紹介《しょうかい》します。

インド

カレーは手《て》で食《た》べるのです。

なれるまでは
難《むずか》しいけど、
手《て》で食《た》べた方《ほう》が
おいしいのよ

国インフォ
インド
→ P32

カレーはインド発祥《はっしょう》の料理《りょうり》。18世紀《せいき》にインドからイギリスに伝《つた》わり、明治時代《めいじじだい》に日本《にほん》に紹介《しょうかい》されました。インドではカレーを手《て》で食《た》べるのが伝統的《でんとうてき》な食《た》べ方《かた》です。食《た》べ物《もの》を手《て》でも味《あじ》わうことができて、よりおいしく感《かん》じるといわれています。ただし、使《つか》うのはおもに右手《みぎて》です。左手《ひだりて》は不浄《ふじょう》（けがれている）とされているので、あまり使《つか》いません。

いざ手《て》で食《た》べようとすると、これが意外《いがい》に難《むずか》しいです。指《ゆび》にお米《こめ》がくっついてベトベトになるのです。上手《じょうず》に食《た》べるコツは、カレーの汁気《しるけ》を利用《りよう》して、お米《こめ》をダンゴのように丸《まる》くすることです。

まめちしき　インドのカレー屋《や》さんのナンは、日本《にほん》ほど大《おお》きくありません。

こら！
ナイフと
フォークで
食《た》べなさい！
ぺしっ

ブラジル

ハンバーガーも手《て》づかみ禁止《きんし》！

国インフォ

ブラジル連邦共和国《れんぽうきょうわこく》

- 首都《しゅと》:ブラジリア
- 面積《めんせき》:851.2万《まん》㎢
- 言語《げんご》:ポルトガル語《ご》

　にぎやかなカーニバルやサンバの情熱的《じょうねつてき》なリズム、大《おお》きなかたまりの牛肉《ぎゅうにく》を串《くし》にさして炭火《すみび》であぶった名物料理《めいぶつりょうり》「シュラスコ」など、豪快《ごうかい》なイメージのブラジル。食事《しょくじ》のときも大胆《だいたん》なのかと思《おも》いきや、テーブルマナーは厳《きび》しいのです。

　ブラジルでは、ほとんどの食《た》べ物《もの》が手《て》づかみで食《た》べるとマナー違反《いはん》になります。サンドイッチやハンバーガー、フライドポテトなど、日本《にほん》では手《て》で持《も》って食《た》べるのが当《あ》たり前《まえ》の料理《りょうり》でも、**ナイフとフォーク**でいただきます。やわらかいものを、**フォークを使《つか》って切《き》る**のも**NG**。ナイフを使《つか》って切《き》るのがブラジルでは正《ただ》しいのです。

まめちしき ブラジルではナイフを左手《ひだりて》に、フォークを右手《みぎて》に持《も》つ人《ひと》が多《おお》いそう。

韓国

お茶《ちゃ》わんは持《も》ち上《あ》げないで食《た》べるんです。

国インフォ

大韓民国《だいかんみんこく》
- 首都《しゅと》:ソウル
- 面積《めんせき》:10万《まん》km²
- 言語《げんご》:韓国語《かんこくご》

マシッソヨ!
(おいしいです)

白米《はくまい》が主食《しゅしょく》で、日本《にほん》とはなにかと共通点《きょうつうてん》の多《おお》い韓国《かんこく》の食文化《しょくぶんか》ですが、マナーは逆《ぎゃく》の場合《ばあい》もあります。たとえば、日本《にほん》では茶《ちゃ》わんを持《も》って、はしでご飯《はん》を食《た》べますが、韓国《かんこく》では茶《ちゃ》わんを持《も》ち上《あ》げずに、**スプーンでご飯《はん》を食《た》べるのがマナー**。これは、はしを使《つか》う日本《にほん》では、米《こめ》をこぼさないように茶《ちゃ》わんを持《も》ち上《あ》げるようになったのに対《たい》して、スプーンも使《つか》う韓国《かんこく》では、**米《こめ》をこぼしにくいので持《も》ち上《あ》げない**という説《せつ》があります。ほかにも、日本《にほん》ではマナー違反《いはん》の、はしからはしへ食《た》べ物《もの》を渡《わた》す「はし渡《わた》し」や、料理《りょうり》を取《と》り分《わ》ける際《さい》の「じかばし」もOKとされています。

まめちしき 韓国《かんこく》のはしとスプーンのセットのことを「スジョ」といいます。

インドネシア

左手《ひだりて》にフォーク、右手《みぎて》には…スプーン!?

国インフォ

インドネシア共和国《きょうわこく》

→ P57

スプーンで
お肉《にく》を
切《き》るんデスカ!?
インドネシア人
フランス人
スプーン?

インドネシアは、東南《とうなん》アジアとオーストラリアの間《あいだ》に点在《てんざい》する約《やく》1万《まん》3500もの島々《しまじま》で構成《こうせい》される国《くに》です。さまざまな文化《ぶんか》や宗教《しゅうきょう》の人《ひと》が暮《く》らしているので、食文化《しょくぶんか》は多様《たよう》。イモやバナナ、トウモロコシを主食《しゅしょく》にする地域《ちいき》もありますが、都市部《としぶ》では米《こめ》が主食《しゅしょく》です。

食事《しょくじ》のときは、右手《みぎて》にスプーンを持《も》ち、左手《ひだりて》にフォークを持《も》つのが習慣《しゅうかん》です。インドネシアの人《ひと》は、**スプーンをナイフのように使《つか》って**料理《りょうり》を食《た》べやすくカットします。スプーンの丸《まる》みを利用《りよう》すれば、エビのカラもきれいにむけるうえに、そのままご飯《はん》やスープも食《た》べられるので便利《べんり》なのです。

まめちしき　インドネシアには、手《て》を使《つか》って食《た》べる文化《ぶんか》もあります。

台湾

「ご飯《はん》食《た》べた？」があいさつなのです。

インフォ

台湾《たいわん》

●主要都市《しゅようとし》:台北《たいぺい》
●面積《めんせき》:3.6万《まん》km²
●言語《げんご》:中国語《ちゅうごくご》、台湾語《たいわんご》など

台湾《たいわん》にはそこかしこに食堂《しょくどう》があり、朝昼晩《あさひるばん》にさまざまな屋台《やたい》が出現《しゅつげん》します。都会《とかい》では夕方《ゆうがた》になると夜市《よいち》が立《た》ち、麺《めん》やおかゆ、まんじゅうなどを売《う》る屋台《やたい》が通《とお》りをうめつくします。

そんなおいしいものがいっぱいの台湾《たいわん》では「ご飯《はん》食《た》べた？」というフレーズがあいさつとして使《つか》われています。「ご飯《はん》食《た》べた？」といわれたら「食《た》べたよ」や「これから」と返《かえ》しましょう。ちなみに、近所《きんじょ》のおばさんに「ご飯《はん》食《た》べた？」と聞《き》かれて「まだ」と答《こた》えると、「じゃあ食《た》べて行《い》きなさい」といわれることも。おさそいとの見分《みわ》けが難《むずか》しいあいさつですね。

まめちしき　日本《にほん》でも人気《にんき》が出《で》たタピオカドリンクは、台湾発祥《たいわんはっしょう》の飲《の》み物《もの》。

台湾

朝《あさ》ごはんは通学途中《つうがくとちゅう》に食《た》べます。

インフォ
台湾《たいわん》
→ P90

台湾《たいわん》には、朝食専門《ちょうしょくせんもん》の屋台《やたい》やお店《みせ》があります。これらのお店《みせ》は、朝《あさ》しか営業《えいぎょう》していないので、お昼《ひる》頃《ごろ》には閉《し》まります。そんな台湾《たいわん》では、学生《がくせい》が登校中《とうこうちゅう》に屋台《やたい》で朝食《ちょうしょく》を食《た》べたり、**途中《とちゅう》で買《か》って教室《きょうしつ》で食《た》べるのが普通《ふつう》です。**大人《おとな》も通勤途《つうきんと》中《ちゅう》で朝食《ちょうしょく》を買《か》って、会社《かいしゃ》で食《た》べます。忙《いそが》しい朝《あさ》は、屋台《やたい》やテイクアウトを利用《りよう》するのが普通《ふつう》なのです。

家《いえ》で朝食《ちょうしょく》を食《た》べないのには、いくつか理由《りゆう》があります。両親《りょうしん》が共働《ともばたら》きで朝食《ちょうしょく》を作《つく》る時間《じかん》がない、作《つく》るより外《そと》で食《た》べた方《ほう》が安《やす》い、作《つく》るのは時間《じかん》がかかるので、**その分《ぶん》寝《ね》ていたい**、など。友《とも》だちとの朝《あさ》ごはん、楽《たの》しそうですね。

まめちしき　朝食《ちょうしょく》メニューの代表《だいひょう》は、豆乳《とうにゅう》のスープやもち米《ごめ》のおにぎり。

中国

素晴《すば》らしいごちそうほど、残《のこ》すのがマナー！

国インフォ

中華人民共和国《ちゅうかじんみんきょうわこく》
- 首都《しゅと》:北京《ぺきん》
- 面積《めんせき》:960万《まん》㎢
- 言語《げんご》:中国語《ちゅうごくご》

中国《ちゅうごく》には食《た》べることを大切《たいせつ》にする文化《ぶんか》があります。体《からだ》によいものを食《た》べて健康《けんこう》な体《からだ》をつくる「薬食同源《やくしょくどうげん》」という考《かんが》え方《かた》や、多彩《たさい》な食文化《しょくぶんか》は、日本《にほん》にも大《おお》きな影響《えいきょう》を与《あた》えています。

ところが、食事《しょくじ》のマナーについては考《かんが》え方《かた》が違《ちが》います。日本《にほん》では、出《だ》された料理《りょうり》は残《のこ》さず食《た》べるのがよいことですが、中国《ちゅうごく》では失礼《しつれい》にあたる場合《ばあい》も。もてなしが足《た》りない、という意味《いみ》にとられるのです。また、食《た》べ散《ち》らかすぐらいが食事《しょくじ》を楽《たの》しんでいるとされ、好意的《こういてき》にとられます。さらに、食事《しょくじ》の際《さい》のゲップも満足《まんぞく》を表《あらわ》し、マナー違反《いはん》ではないといわれています。

まめちしき　最近《さいきん》では残《のこ》さず食《た》べても失礼《しつれい》にとられることは減《へ》っています。

インド

バナナの葉《は》っぱがお皿《さら》代《が》わり!?

国インフォ
インド
→ P32

インドではよく、葉《は》っぱをお皿《さら》として使《つか》っています。南部《なんぶ》で伝統《でんとう》的《てき》に使《つか》われるのは、他《ほか》の植物《しょくぶつ》よりも大《おお》きいバナナの葉《は》っぱ。インドで人口《じんこう》の約《やく》80%を占《し》めるヒンドゥー教《きょう》では、他人《たにん》が使《つか》った食器《しょっき》を「けがれているから」という理由《りゆう》でさけるのです。**バナナの葉《は》っぱにはわるい菌《きん》がふえるのを防《ふせ》ぐ効果《こうか》があり**、お皿《さら》にすれば食《た》べた後《あと》は洗《あら》わずに捨《す》てることができてラクチンです。

また、屋台《やたい》では**飲《の》み終《わ》わった紅茶《こうちゃ》のカップを地面《じめん》にたたきつけて割《わ》ります**。オドロキの光景《こうけい》ですが、これも他人《たにん》の食器《しょっき》を使《つか》って「けがれ」を移《うつ》さないためなのだそう。

まめちしき　バナナの葉《は》っぱをお皿《さら》にする国《くに》は、インド以外《いがい》にもあります。

韓国

出所祝《しゅっしょいわ》いは白《しろ》くてヘルシーなとうふ！

国インフォ
大韓民国《だいかんみんこく》
→ P88

冷《ひ》ややっこにみそ汁《しる》にと、タンパク質《しつ》が豊富《ほうふ》で低《てい》カロリーなとうふは、日本人《にほんじん》の食卓《しょくたく》に欠《か》かせません。おとなりの韓国《かんこく》でも、スープやなべ料理《りょうり》に入《い》れたりと、日本《にほん》と同様《どうよう》にとうふを多用《たよう》します。

しかし韓国《かんこく》には、日本《にほん》にはない、とうふにまつわる文化《ぶんか》があります。それは、刑務所《けいむしょ》から出所《しゅっしょ》した人《ひと》に、とうふを食《た》べさせるというもの。なぜとうふなのか。一説《いっせつ》によると、「とうふのように真《ま》っ白《しろ》な気持《きも》ちに戻《もど》って人生《じんせい》をやり直《なお》せるように」という願《ねが》いがこめられているとか。韓国《かんこく》ドラマや映画《えいが》にもときどき「出所《しゅっしょ》とうふ」のシーンが出《で》てきます。

まめちしき　刑務所《けいむしょ》の食事《しょくじ》は質素《しっそ》なので、豆腐《とうふ》で栄養《えいよう》をつけさせたという説《せつ》も。

エストニア

落《お》としたパンとはキスして仲直《なかなお》り？

国インフォ

エストニア共和国《きょうわこく》

●首都《しゅと》:タリン
●面積《めんせき》:4.5万《まん》㎢
●言語《げんご》:エストニア語《ご》

　バルト三国《さんごく》のエストニアには、長いパン作《づく》りの歴史《れきし》があり、パンは国《くに》を代表《だいひょう》する食《た》べ物《もの》です。そんなエストニアには、パンにまつわるふしぎな信仰《しんこう》や習慣《しゅうかん》が数多《かずおお》く伝《つた》わっています。それらに従《したが》えば、食《た》べ物《もの》に困《こま》ることなく、家族《かぞく》が幸《しあわ》せになると信《しん》じられてきました。

　たとえば、パンの切《き》り口《くち》をドアに向《む》けて置《お》くとパンがにげる、パンを逆《さか》さに置《お》くと家庭《かてい》にいざこざがおきる、などです。また、落《お》ちたパンは7年間《ねんかん》泣《な》くといわれ、パンをゆかに落《お》としたら拾《ひろ》ってキスをします。エストニア人《じん》がパンをいかに大切《たいせつ》にしているのかがわかります。

まめちしき エストニア人《じん》が1年《ねん》に食《た》べるパンの量《りょう》は1人平均《ひとりへいきん》40kgもあるそうです。

エチオピア

見《み》た目《め》はスポンジタオル。味《あじ》は強烈《きょうれつ》なすっぱさ！

国インフォ

エチオピア連邦民主共和国《れんぽうみんしゅきょうわこく》

→P42

東《ひがし》アフリカのエチオピアでは、「インジェラ」というパンケーキを主食《しゅしょく》にしています。インジェラの原料《げんりょう》は、ほぼエチオピアでしか作《つく》られていない「テフ」という穀物《こくもつ》。テフの粉《こな》を水《みず》でとき、発酵《はっこう》させた生地《きじ》を焼《や》いて作《つく》ります。発酵《はっこう》するときにアワができるので、焼《や》き上《あ》がると、**灰色《はいいろ》のスポンジタオルのような見《み》た目《め》**になります。

発酵《はっこう》しているため、**とってもすっぱいのが特徴《とくちょう》**。口《くち》に合《あ》わなかったという日本人観光客《にほんじんかんこうきゃく》が多《おお》いですが、中《なか》にはハマったという人《ひと》も。現地《げんち》の人《ひと》は、インジェラの上《うえ》に、豆《まめ》や野菜《やさい》、肉《にく》などのおかずをのせて食《た》べます。

まめちしき　インジェラの煮込《にこ》みをおかずに、インジェラを食《た》べることもあります。

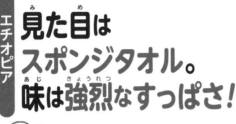

スウェーデン

爆発《ばくはつ》することもある!? 世界一《せかいいち》クサい、キケンすぎる食《た》べ物《もの》!

国インフォ

スウェーデン王国《おうこく》
- ●首都《しゅと》:ストックホルム
- ●面積《めんせき》:45万《まん》㎢
- ●言語《げんご》:スウェーデン語《ご》、フィンランド語《ご》など

納豆《なっとう》やくさやなど、クサい食《た》べ物《もの》がいくつもある日本《にほん》ですが、北欧《ほくおう》にはこれらとは比《くら》べものにならない、世界一《せかいいち》クサい食品《しょくひん》があります。**スウェーデン北部《ほくぶ》で作《つく》られるシュールストレミング**という、ニシンの塩《しお》づけの缶詰《かんづめ》です。

そのあまりのクサさに、失神《しっしん》する人《ひと》もいるほど。また、**時《とき》に爆発《ばくはつ》することもあるというからオドロキ**です。これは、加熱殺菌《かねつさっきん》しないため、缶《かん》の中《なか》でも発酵《はっこう》が続《つづ》くことが原因《げんいん》です。あまりにもキケンなため、飛行機《ひこうき》への持《も》ち込《こ》み禁止《きんし》ということの缶詰《かんづめ》。輸入《ゆにゅう》している業者《ぎょうしゃ》がいて、日本《にほん》でも買《か》えるので、自分《じぶん》の鼻《はな》で試《ため》してみてはいかが。

まめちしき 現地《げんち》では、クラッカーやパンにのせる食《た》べ方《かた》が一般的《いっぱんてき》です。

アメリカでは「カルピ〝コ〟」。間《ま》違《ち》《が》えると大《た》変《い》《へ》《ん》です。

国インフォ
アメリカ合衆国《がっしゅうこく》
→ P30

甘《あま》酸っぱくてさわやかな、夏《なつ》にぴったりの乳酸菌飲料《にゅうさんきんいんりょう》、カルピス。発売《はつばい》から100年以上《ねんいじょう》たった今《いま》も愛《あい》され、世界《せかい》30カ国以上《こくいじょう》で販売《はんばい》される国民的飲料《こくみんてきいんりょう》です。

その名前《なまえ》は「カルシウム」と、サンスクリット語《ご》で「最上《さいじょう》の味《あじ》」を意味《いみ》する「サルピス」の、それぞれ一部《いちぶ》をとってつけられたもの。ところが、アメリカでは「カルピコ」という名前《なまえ》が使《つか》われています。なぜなら、カルピスが「カウ（牛《うし》）」「ピス（おしっこ）」に聞《き》こえるため。アメリカ人《じん》と話《はな》すときは、話《はなし》が通《つう》じないどころか「牛《うし》のおしっこを飲《の》むヘンな人《ひと》」という誤解《ごかい》を生《う》むので要注意《ようちゅうい》。

まめちしき 「カルピコ」の名前《なまえ》はカナダとインドネシアでも使《つか》われています。

フランス

カタツムリは美味《おい》しい食材《しょくざい》です。

国インフォ

フランス共和国《きょうわこく》

- ●首都《しゅと》:パリ
- ●面積《めんせき》:54.4万《まん》㎢
- ●言語《げんご》:フランス語《ご》など

雨上《あめあ》がりに見《み》かけることの多《おお》いカタツムリ。なんと、これを食《た》べる地域《ちいき》があるのを知《し》っていますか？　フランスでは代表的《だいひょうてき》な料理《りょうり》のひとつになっています。

カタツムリはフランス語《ご》で「エスカルゴ」。食用《しょくよう》になるのは日本《にほん》のカタツムリより大《おお》きな種類《しゅるい》で、寄生虫《きせいちゅう》の危険《きけん》がない養殖《ようしょく》もの。パセリとニンニク入《い》りバターをつめて、オーブンで焼《や》くのが一般的《いっぱんてき》な調理法《ちょうりほう》です。ちょっと気持《きも》ち悪《わる》く感《かん》じる人《ひと》もいるかもしれませんが、カタツムリはサザエなどと同《おな》じ巻《ま》き貝《がい》のなかま。そう考《かんが》えると、美味《おい》しい食材《しょくざい》のように思《おも》えてきませんか？

まめちしき 日本《にほん》でも三重県《みえけん》のエスカルゴ牧場《ぼくじょう》で養殖《ようしょく》しています。

ケニア

赤《あか》ちゃんのため石《いし》を食《た》べて栄養補給《えいようほきゅう》!?

ケニアの妊婦《にんぷ》さんたちは、妊娠《にんしん》中《ちゅう》に「石《いし》」を食《た》べる習慣《しゅうかん》があります。食用《しょくよう》の石《いし》は現地語《げんちご》で「オドワ」とよばれ、スーパーや市場《いちば》で売《う》られています。

妊婦《にんぷ》さんがオドワを食《た》べるのは、妊娠中《にんしんちゅう》に不足《ふそく》するミネラルが石《いし》にふくまれるとされるため。歯《は》でくだけるやわらかさで、小麦粉《こむぎこ》に似《に》ていて甘味《あまみ》があるそう。ハマって食《た》べ過《す》ぎる人《ひと》、どうしてもダメな人《ひと》など、さまざまです。

一方《いっぽう》で、医者《いしゃ》からは健康《けんこう》を損《そこ》ねる危険《きけん》な行為《こうい》だと指摘《してき》されています。伝統《でんとう》の知恵《ちえ》を信《しん》じるか、信《しん》じないか。妊婦《にんぷ》さんたちもなやみながら石《いし》をかじっているのかもしれません。

国インフォ

ケニア共和国《きょうわこく》

→ P43

まめちしき　石《いし》を食《た》べると、寄生虫《きせいちゅう》や細菌《さいきん》に感染《かんせん》するおそれがあります。

アラブ首長国連邦

お酒《さけ》を買《か》うにはそれ専用《せんよう》の免許《めんきょ》が必要《ひつよう》です。

国インフォ

アラブ首長国連邦《しゅちょうこくれんぼう》

- 首都《しゅと》:アブダビ
- 面積《めんせき》:8.4万《まん》㎢
- 言語《げんご》:アラビア語《ご》、英語《えいご》など

日本《にほん》では、20才《さい》をこえればお酒《さけ》を自由《じゆう》に飲《の》めますが、海外《かいがい》には厳《きび》しい国《くに》がたくさんあります。イスラム教《きょう》が国教《こっきょう》のアラブ首長国連邦《しゅちょうこくれんぼう》では、お酒《さけ》を飲《の》むのがちょっとタイヘン。連邦《れんぽう》を構成《こうせい》するドバイ首長国《しゅちょうこく》では、住民《じゅうみん》はレストランや自宅《じたく》でお酒《さけ》を飲《の》むために、専用《せんよう》の免許《めんきょ》が必要《ひつよう》なのです。

取得《しゅとく》の条件《じょうけん》は、21才以上《さいいじょう》で、イスラム教徒《きょうと》ではないこと。身分《みぶん》証明書《しょうめいしょ》のコピーと顔写真《かおじゃしん》を酒屋《さかや》さんに提出《ていしゅつ》すれば、4週間以内《しゅうかんいない》に免許《めんきょ》が発行《はっこう》されます。

もちろん飲酒運転《いんしゅうんてん》にも厳《きび》しく、お酒《さけ》を飲《の》んで運転《うんてん》すると国《くに》から追《お》い出《だ》されることもあるそう。

まめちしき ドバイでは旅行者《りょこうしゃ》の場合《ばあい》、パスポートを見《み》せればお酒《さけ》を買《か》えます。

フィンランド

お昼休憩《ひるきゅうけい》だけでなく コーヒー休憩《きゅうけい》も 必《かなら》ずとります。

国インフォ

フィンランド共和国《きょうわこく》

→ P70

国民《こくみん》ひとりあたりのコーヒーを飲《の》む量《りょう》が世界《せかい》トップクラスのフィンランド。彼《かれ》らがコーヒーをたくさん飲《の》む理由《りゆう》は、寒《さむ》い気候《きこう》に加《くわ》えて、コーヒーに関《かん》するある習慣《しゅうかん》に由来《ゆらい》するといわれます。

それは、仕事場《しごとば》や学校《がっこう》などで1日《にち》に何度《なんど》もとるコーヒー休憩《きゅうけい》。フィンランドの会社《かいしゃ》のルールでは、働《はたら》く人《ひと》にはコーヒー休憩《きゅうけい》を与《あた》えないといけないことになっているのです。業種《ぎょうしゅ》により異《こと》なりますが、4～6時間《じかん》働《はたら》く場合《ばあい》は1回《かい》、6時間以上《じかんいじょう》は2回《かい》のコーヒー休憩《きゅうけい》をとる必要《ひつよう》があります。忙《いそが》しくても、時間《じかん》が来《き》たらちょっと一杯《いっぱい》。みんなで休《やす》むので遠《えん》りょもいりません。

まめちしき　多《おお》くのフィンランド人《じん》は1日《にち》に4～5杯《はい》のコーヒーを飲《の》みます。

アメリカ　バーでお酒《さけ》を飲《の》めない法律《ほうりつ》

1920年《ねん》1月《がつ》、アメリカで、お酒《さけ》の製造《せいぞう》と販売《はんばい》を禁止《きんし》する「禁酒法《きんしゅほう》」が成立《せいりつ》しました。お酒《さけ》は体《からだ》に悪《わる》い、子《こ》どもに悪影響《あくえいきょう》、などと考《かんが》えられたのです。ただし、飲《の》むこと自体《じたい》は禁止《きんし》しない、ちょっとフシギな法律《ほうりつ》でした。しかし、秘密《ひみつ》の酒場《さかば》がにぎわい、国民《こくみん》の飲酒量《いんしゅりょう》は増《ふ》える一方《いっぽう》。そこに目《め》をつけたのが「暗黒街《あんこくがい》の顔役《かおやく》」とよばれたギャング、アル・カポネです。彼《かれ》は、こっそり造《つく》ったお酒《さけ》を高値《たかね》で売《う》り買《か》いして大《おお》もうけ！　結局《けっきょく》、禁酒法《きんしゅほう》が始《はじ》まる前《まえ》よりもお酒《さけ》がらみの犯罪《はんざい》が増《ふ》えてしまい、この法律《ほうりつ》はわずか13年《ねん》で廃止《はいし》となりました。

まめちしき　当時《とうじ》アル・カポネは、1年《ねん》で日本円《にほんえん》にして63億以上《おくいじょう》かせいだとか。

第《だい》6章《しょう》

ウソみたいな人《ひと》がいる国《くに》

過去《かこ》70年間《ねんかん》で、世界《せかい》の人口《じんこう》は約《やく》3倍《ばい》に増《ふ》えました。これからも増《ふ》え続《つづ》けるといわれています。世界《せかい》にはこんなにたくさんの人《ひと》がいて、中《なか》には「ウソみたい！」な人《ひと》もたくさんいます。そんな人《ひと》たちをよく知《し》って、さらに多様《たよう》な世界《せかい》ができたら素敵《すてき》ですね。

インド

マスクをつけるのは何《なに》も殺《ころ》したくないからです。

国インフォ

インド
→ P32

インドで、仏教《ぶっきょう》とほぼ同《おな》じときに生《う》まれたのがジャイナ教《きょう》です。この宗教《しゅうきょう》で一番大切《いちばんたいせつ》なのは、「生《い》き物《もの》を絶対《ぜったい》に傷《きず》つけない」こと。だから、信者《しんじゃ》は肉《にく》も魚《さかな》も食《た》べません。野菜中心《やさいちゅうしん》のごはんを食《た》べますが、根菜類《こんさいるい》（大根《だいこん》やにんじんなど）を使《つか》うのはダメ。なぜなら、土《つち》をほり起《お》こすときに虫《むし》を殺《ころ》してしまうかもしれないからです。もっと熱心《ねっしん》な人《ひと》だと、息《いき》をするときにうっかり虫《むし》を吸《す》いこまないためにマスクをして、座《すわ》る前《まえ》には虫《むし》をふみつぶさないよう、その場《ば》をほうきではきます。蚊《か》にさされても、たたくのはダメ。血《ち》を吸《す》わせなければいけません。

まめちしき　「何《なに》も持《も》たない」「ウソをつかない」のもジャイナ教《きょう》の大事《だいじ》な教《おし》え。

コンゴ

オシャレな服《ふく》がよごれるから戦《たたか》いません。

国インフォ

コンゴ共和国《きょうわこく》

●首都《しゅと》:ブラザビル
●面積《めんせき》:34.2万《まん》㎢
●言語《げんご》:フランス語《ご》など

アフリカ中部《ちゅうぶ》のコンゴ共和国《きょうわこく》は世界《せかい》で最《もっと》も貧《まず》しい国《くに》の1つで、1カ月《げつ》に約《やく》3万円《まんえん》しかかせげません。それなのに、収入《しゅうにゅう》の何《なん》カ月分《げつぶん》もするハデな高級《こうきゅう》スーツを着《き》こなして、街中《まちなか》を歩《ある》く男《おとこ》たちがいます。彼《かれ》らは「サプール」というオシャレな集団《しゅうだん》です。1922年《ねん》、仕事《しごと》でフランスに行《い》ったコンゴ人《じん》が、パリの紳士《しんし》の格好《かっこう》をして帰《かえ》ってきて、それを見《み》た人《ひと》たちがあこがれたのがはじまりといわれています。

1990年代《ねんだい》には国内《こくない》で戦争《せんそう》が2回起《かいお》こり、国《くに》がパニックになりました。でも、サプールは「オシャレな服《ふく》がよごれちゃうから戦《たたか》わないよ」と、戦争《せんそう》をいやがりました。

まめちしき　となりのコンゴ民主共和国《みんしゅきょうわこく》には黒《くろ》い服《ふく》のみを着《き》るサプールが多《おお》いです。

ナミビア

一生《いっしょう》おフロに入《はい》らない！世界《せかい》一《いち》美《うつく》しい民族《みんぞく》。

砂漠《さばく》の広《ひろ》がるナミビアで暮《く》らすヒンバ族《ぞく》は「世界《せかい》一《いち》美《うつく》しい民族《みんぞく》」といわれています。その理由《りゆう》は、ヒンバ族《ぞく》の女性《じょせい》がもつキレイな肌《はだ》。彼女《かのじょ》たちは**赤《あか》い土《つち》とバターを混《ま》ぜたものを体《からだ》と髪《かみ》にぬって**、強《つよ》い日差《ひざ》しから肌《はだ》を守《まも》ります。美《うつく》しい肌《はだ》が目立《めだ》つよう、1年中《ねんじゅう》ほぼハダカ。羊《ひつじ》の革《かわ》のミニスカートをはき、木《き》の実《み》や貝《かい》のアクセサリーをつけて過《す》ごします。

ヒンバ族《ぞく》にはおフロに入《はい》る習慣《しゅうかん》がありません。水道《すいどう》が普及《ふきゅう》していないからです。その代《か》わり、よい香《かお》りのハーブをたいて煙《けむり》を浴《あ》びます。洗《あら》わなくても肌《はだ》はツルツル。体《からだ》からはイヤなにおいどころか、ちょっぴりいい香《かお》りがします。

私《わたし》たちにとってはこれがふつうよね

国インフォ

ナミビア共和国《きょうわこく》
●面積《めんせき》:82.4万《まん》km²
●首都《しゅと》:ウィントフック
●言語《げんご》:英語《えいご》など

まめちしき ヒンバ族《ぞく》の仕事《しごと》は牛《うし》やヤギの遊牧《ゆうぼく》。自給自足《じきゅうじそく》の生活《せいかつ》を送《おく》っています。

ウクライナ

6mをひとっとび！「鳥人《ちょうじん》」とよばれた男《おとこ》。

国インフォ

ウクライナ
●首都《しゅと》：キエフ
●面積《めんせき》：60.4万《まん》㎢
●言語《げんご》：ウクライナ語《ご》など

ウクライナの元棒高《もとぼうたか》とび選手《せんしゅ》、セルゲイ・ブブカはいろいろな意味《いみ》で注目《ちゅうもく》を集《あつ》めた〝超人《ちょうじん》〟。**陸上《りくじょう》の国際大会《こくさいたいかい》「世界陸上《せかいりくじょう》」では、6回連続《かいれんぞく》で優勝《ゆうしょう》**しました。これは、まだだれにも破《やぶ》られていない大記録《だいきろく》です。あまりにもスゴイので「鳥人《ちょうじん》」というあだ名《な》がつけられたほど。さらにスゴいのは、**世界記録《せかいきろく》を35回《かい》もぬりかえた**ところ。ほかの選手《せんしゅ》が追《お》いつけないのをいいことに、試合《しあい》のたびに1㎝だけ記録《きろく》をのばすので、「ミスターセンチメートル」とからかわれたことも。のちに「新記録《しんきろく》を出《だ》すと国《くに》からお金《かね》がもらえたから」とまさかの理由《りゆう》を告白《こくはく》しました。

まめちしき　オリンピックではアキレス腱《けん》のケガのため、4回出場《かいしゅつじょう》して金《きん》メダル1個《こ》だけ。

アメリカ

映画俳優《えいがはいゆう》が大統領《だいとうりょう》になっちゃいました。

国インフォ

アメリカ合衆国《がっしゅうこく》

→ P30

アメリカの大統領《だいとうりょう》の中《なか》でただひとり俳優《はいゆう》だった人《ひと》がいます。第《だい》40代大統領《だいだいとうりょう》のロナルド・レーガンです。**53本《ほん》の映画《えいが》に出演《しゅつえん》したあと、テレビ番組《ばんぐみ》の司会者《しかいしゃ》に**なって、ますます有名《ゆうめい》に。人気者《にんきもの》の彼《かれ》は、ついに政治《せいじ》の世界《せかい》に飛《と》び出《だ》します。

まずは、カリフォルニア州知事《しゅうちじ》（州《しゅう》で一番《いちばん》えらい人《ひと》）として8年間仕事《ねんかんしごと》をしたあと、ついに国《くに》のトップである**大統領《だいとうりょう》の選挙《せんきょ》にチャレンジ。みごと当選《とうせん》**したのです。

レーガンが大統領《だいとうりょう》になったのは69才《さい》のとき。それまでで一番《いちばん》のお年寄《としよ》りでしたが、「アメリカをまたスゴい国《くに》に！」を合言葉《あいことば》に、8年間《ねんかん》の任期《にんき》を無事《ぶじ》に終《お》えました。

まめちしき トランプ大統領《だいとうりょう》は俳優《はいゆう》が本職《ほんしょく》ではないけれど、20本以上《ぽんいじょう》の映画《えいが》に出演《しゅつえん》。

ウルグアイ

世界一貧《せかいいちまず》しい大統領《だいとうりょう》とよばれました。

国インフォ

ウルグアイ東方共和国《とうほうきょうわこく》

- 首都《しゅと》:モンテビデオ
- 面積《めんせき》:17.6万《まん》㎢
- 言語《げんご》:スペイン語《ご》

南米《なんべい》ウルグアイで2015年《ねん》まで大統領《だいとうりょう》をしていたホセ・ムヒカは、質素《しっそ》すぎる生活《せいかつ》を送《おく》っていたことから「世界一貧《せかいいちまず》しい大統領《だいとうりょう》」とよばれました。愛車《あいしゃ》は、1987年製《ねんせい》のオンボロ。大統領《だいとうりょう》のための豪華《ごうか》な家《いえ》に住《す》むことをいやがり、住《す》みなれた小《ちい》さな農場《のうじょう》で暮《く》らしました。仕事《しごと》をしながらトラクターに乗《の》って農作業《のうさぎょう》にはげむ姿《すがた》は、大統領《だいとうりょう》らしくないため、映画《えいが》にも取《と》り上《あ》げられました。もともとびんぼうな家《いえ》に生《う》まれた彼《かれ》は、がんばって貯金《ちょきん》をして大学《だいがく》に進学《しんがく》。大統領《だいとうりょう》になってからは、かせいだお金《かね》の90%を貧《ます》しい人《ひと》のために寄付《きふ》し続《つづ》けました。

まめちしき 2016年《ねん》に来日《らいにち》。用意《ようい》されていた5つ星《ぼし》ホテルが豪華《ごうか》すぎると怒《おこ》りました。

パキスタン

国民的《こくみんてき》スポーツのスター選手《せんしゅ》が首相《しゅしょう》！

国インフォ

パキスタン・イスラム共和国《きょうわこく》

- ●首都《しゅと》:イスラマバード
- ●面積《めんせき》:79.6万《まん》km²
- ●言語《げんご》:ウルドゥー語《ご》など

日本《にほん》ではあまり知《し》られていませんが、世界《せかい》でサッカーの次《つぎ》に競技人口《きょうぎじんこう》が多《おお》いスポーツは、野球《やきゅう》の原型《げんけい》といわれるクリケットです。イギリスが発祥《はっしょう》で、ボールを平《ひら》たいバットで打《う》ち合《あ》い得点《とくてん》を競《きそ》います。昔《むかし》、イギリス領《りょう》だったインドやパキスタンでは、今《いま》も国民的《こくみんてき》スポーツとして大人気《だいにんき》です。

２０２０年現在《ねんげんざい》のパキスタンの首相《しゅしょう》は、クリケットの元《もと》スター選手《せんしゅ》、イムラン・カーン。代表《だいひょう》チームをワールドカップ優勝《ゆうしょう》に導《みちび》いた実力者《じつりょくしゃ》で、見《み》た目《め》もイケています。首相《しゅしょう》に就任《しゅうにん》したのが２０１８年《ねん》。政治《せいじ》の世界《せかい》でも、スーパープレーを連発《れんぱつ》してほしいですね。

まめちしき　クリケットは2時間《じかん》に1回《かい》、試合《しあい》の途中《とちゅう》でティータイムがあります。

チベット（中国）

チベット仏教《ぶっきょう》のリーダーは永遠《えいえん》に生《う》まれ変《か》わる。

インフォ

チベット自治区《じちく》
(中華人民共和国《ちゅうかじんみんきょうわこく》)

- 主要都市《しゅようとし》:ラサ
- 面積《めんせき》:122.8万《まん》km²
- 言語《げんご》:チベット語《ご》など

「生《い》き物《もの》は死《し》んだあと生《う》まれ変《か》わる」と信《しん》じられているチベット仏教《ぶっきょう》。そのリーダーにあたる「ダライ・ラマ」は、観音菩薩《かんのんぼさつ》が人間《にんげん》の姿《すがた》になって人々《ひとびと》を救《すく》うというありがたい存在《そんざい》です。ダライ・ラマが亡《な》くなると、弟子《でし》たちがダライ・ラマの生《う》まれ変《か》わりを探《さが》す旅《たび》に出《で》ます。49日以内《にちいない》に男《おとこ》の子《こ》の姿《すがた》で生《う》まれ変《か》わるといわれていますが、ときには2〜3年《ねん》かかることも。それらしい少年《しょうねん》を見《み》つけたら、先代《せんだい》の愛用品《あいようひん》をきちんと見分《みわ》けられるかのテストをします。現在《げんざい》のダライ・ラマ14世《せい》は、2才《さい》のときに認《みと》められて、15才《さい》でリーダーになりました。

まめちしき　チベット仏教《ぶっきょう》では「マニ車《しゃ》」という仏具《ぶつぐ》をくるくる回《まわ》して祈《いの》ります。

ケニア

アフリカでは「もったいない」が通《つう》じちゃう！

「もったいない」は素晴《すば》らしい言葉《ことば》です！
フロシキ
マイボトル
ホワッツモッタイナイ？

国インフォ
ケニア共和国《きょうわこく》
→ P43

世界《せかい》で通《つう》じる日本語《にほんご》には、「すし」「てんぷら」など、いろいろありますが、「もったいない」もその1つ。広《ひろ》めたのはケニア人女性《じんじょせい》のワンガリ・マータイさんです。

彼女《かのじょ》はケニアで植林活動《しょくりんかつどう》をがんばったのがきっかけで、2004年《ねん》にノーベル平和賞《へいわしょう》を受賞《じゅしょう》。翌年《よくとし》、招待《しょうたい》されて日本《にほん》を訪《おとず》れたときに「もったいない」に出会《であ》いました。ものに感謝《かんしゃ》して尊敬《そんけい》するという意味《いみ》のこの言葉《ことば》が、ほかの言語《げんご》では置《お》きかえられないと知《し》った彼女《かのじょ》は、世界《せかい》で通《つう》じる共通語《きょうつうご》にしようとアピール。今《いま》では地球《ちきゅう》のあちこちで「もったいない」を合言葉《あいことば》に、環境《かんきょう》を守《まも》る活動《かつどう》が行《おこな》われています。

まめちしき　オーストリア人監督《じんかんとく》による、「もったいない」がテーマの映画《えいが》もあります。

イマはもうない！ ウソみたいな国《くに》や習《しゅう》慣《かん》

ドイツ　パンの値段《ねだん》が1兆倍《ちょうばい》に！

第一次世界大戦後《だいいちじせかいたいせんご》、戦争《せんそう》に勝《か》ったイギリスなどの国々《くにぐに》は、負《ま》けたドイツに対《たい》して、日本円《にほんえん》にして200兆円以上《ちょうえんいじょう》の支払《しはら》いを命《めい》じました。この莫大《ばくだい》な金額《きんがく》を支払《しはら》うべく、大量《たいりょう》のお金《かね》を発行《はっこう》してしまったドイツ。その結果《けっか》、世《よ》の中《なか》にお金《かね》が大量《たいりょう》に出回《でまわ》り、物価《ぶっか》が急激《きゅうげき》に上《あ》がり続《つづ》ける「ハイパーインフレーション」が起《お》こりました。物価《ぶっか》は約《やく》5年間《ねんかん》で、なんと1兆倍《ちょうばい》に！　パン1つ買《か》うにも、1兆《ちょう》マルク※というものすごいケタの金額《きんがく》を支払《しはら》う事態《じたい》となりました。買《か》い物《もの》をする時《とき》は、大量《たいりょう》のお札《さつ》をリヤカーに積《つ》んで出《で》かけていたそうです。

まめちしき　お札《さつ》は、書《か》かれている数字《すうじ》ではなく「重《おも》さ」で取《と》り引《ひ》きされていました。

※マルク＝当時《とうじ》のドイツのお金《かね》の単位《たんい》

第《だい》7章《しょう》

実《じつ》は世界一《せかいいち》なんです。

世界一面積《せかいいちめんせき》の大《おお》きい国《くに》は？　ロシアです。世界《せかい》一《いち》人口《じんこう》が多《おお》い国《くに》は？　中国《ちゅうごく》です。世界一《せかいいち》バナナを多《おお》く作《つく》っているのは？　実《じつ》はインドなのです。こんな雑学《ざつがく》から、見《み》えてくる世界《せかい》の姿《すがた》もあります。意外《いがい》な「世界一《せかいいち》」を集《あつ》めてみました。

ニウエ

日本《にほん》にとっては世界《せかい》一《いち》新《あたら》しい国《くに》。

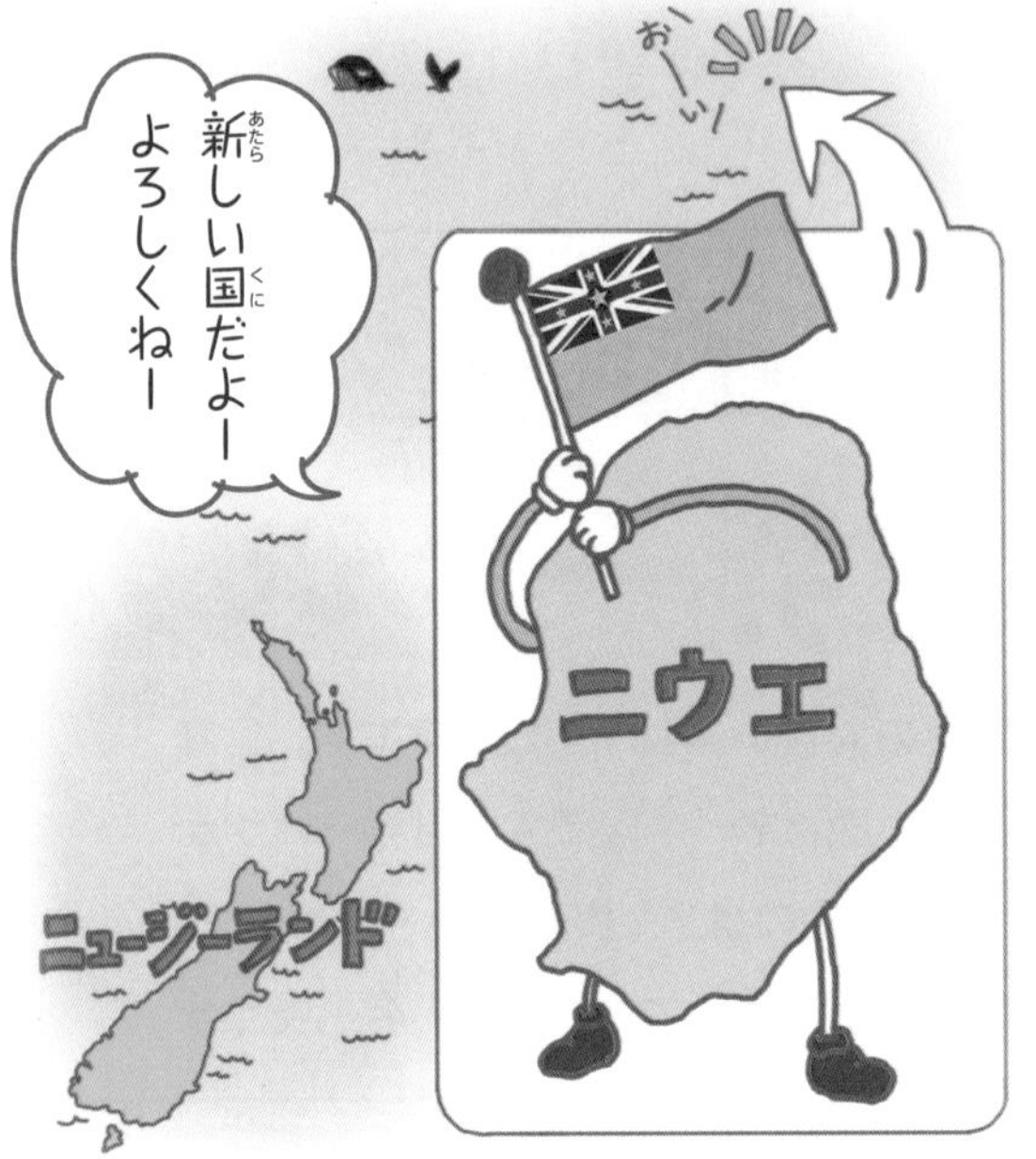

おーい
新《あたら》しい国《くに》だよー
よろしくねー
ニュージーランド
ニウエ

国インフォ

ニウエ

- 首都《しゅと》:アロフィ
- 面積《めんせき》:260㎢
- 言語《げんご》:ニウエ語《ご》、英語《えいご》

ニュージーランドの北東《ほくとう》2400㎞の海《うみ》にうかぶニウエは、2015年《ねん》に日本政府《にほんせいふ》が国《くに》と認《みと》めたため、日本《にほん》にとっては「世界一新《せかいいちあたら》しい国《くに》」。国土《こくど》はおよそ260㎢で、琵琶湖《びわこ》4個分《こぶん》ぐらい。人口《じんこう》は約《やく》1500人《にん》です。

1774年《ねん》、イギリス人《じん》の探検家《たんけんか》クックがこの島《しま》を発見《はっけん》し、上陸《じょうりく》を試《こころ》みましたが、島民《とうみん》にはばまれてしまいました。クックはこの島《しま》を「やばん人《じん》の島《しま》」とよびましたが、島民《とうみん》にはクックこそそう見《み》えたことでしょう。1901年《ねん》からはニュージーランドの領土《りょうど》となりましたが、1974年《ねん》に、自分《じぶん》たちで政治《せいじ》を行《おこな》う権利《けんり》を得《え》ました。

まめちしき 国民《こくみん》の90%以上《いじょう》が熱心《ねっしん》なキリスト教徒《きょうと》です。

イタリア

世界《せかい》で一番《いちばん》、世界文化遺産《せかいぶんかいさん》が多《おお》い！

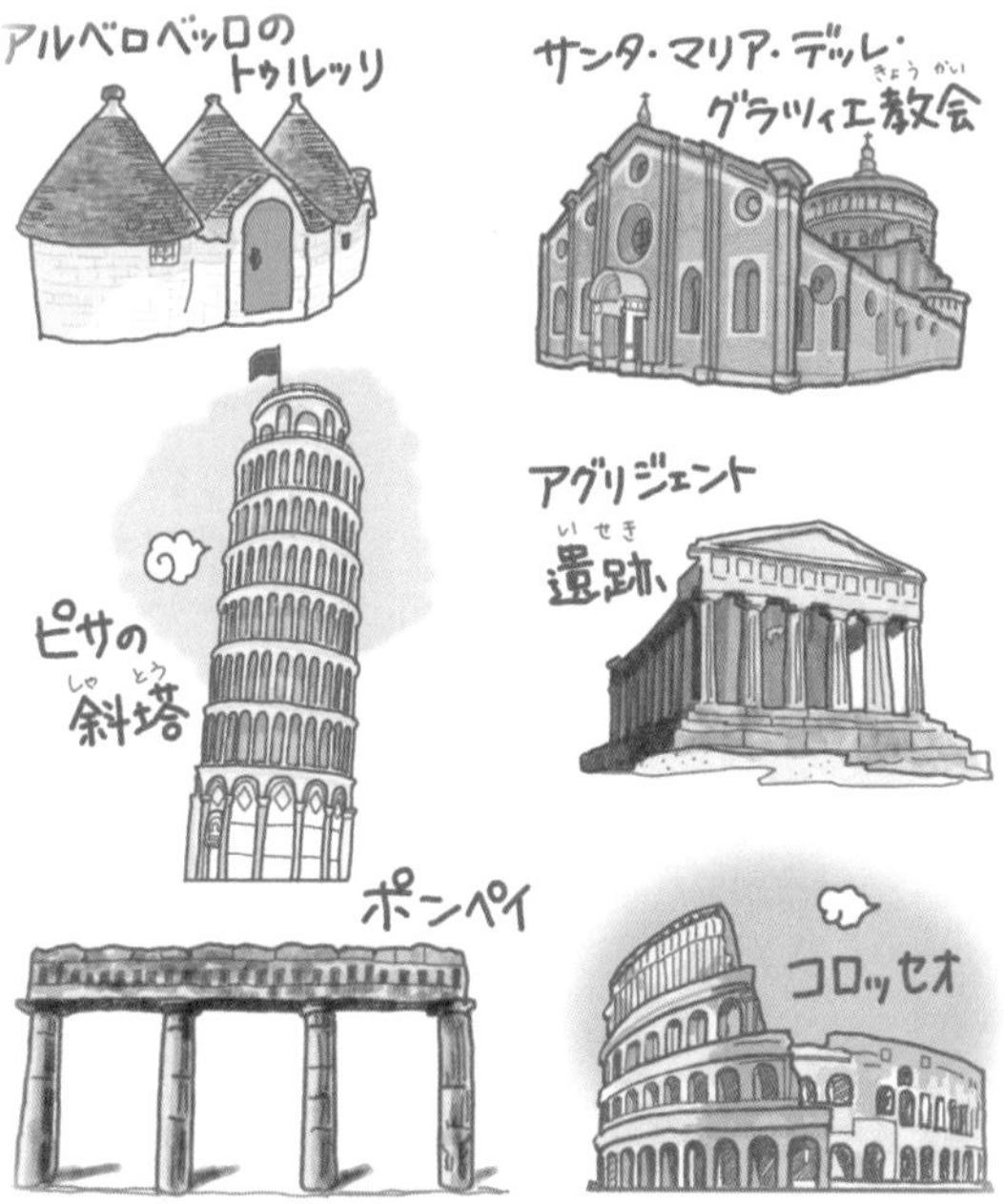

国インフォ

イタリア共和国《きょうわこく》

→ P64

イタリアでは、紀元前《きげんぜん》753年《ねん》～紀元後《きげんご》476年《ねん》のローマ時代《じだい》から高度《こうど》な文明《ぶんめい》が栄《さか》え、14～16世紀《せいき》には芸術《げいじゅつ》や科学《かがく》の中心地《ちゅうしんち》となり、歴史《れきし》に残《のこ》る作品《さくひん》が生《う》み出《だ》されました。それらが国中《くにじゅう》に数多《かずおお》く残《のこ》っており、世界遺産《せかいいさん》にも登録《とうろく》されています。その数《かず》は2020年現在《ねんげんざい》、中国《ちゅうごく》と同数《どうすう》で55。そのうち世界《せかい》文化遺産《ぶんかいさん》はイタリアの方《ほう》が多《おお》く、世界一《せかいいち》です。

代表的《だいひょうてき》なものに、ピサの斜塔《しゃとう》や、コロッセオがあるローマ歴史《れきし》地区《ちく》、ポンペイ遺跡《いせき》、アルベロベッロにある三角屋根《さんかくやね》の家《いえ》トゥルッリ、アグリジェントの遺跡地域《いせきちいき》などがあります。

まめちしき　世界遺産《せかいいさん》の数《かず》は毎年《まいとし》増《ふ》えるので、順位《じゅんい》も変《か》わります。

「イギリス」は、実は世界一《せかいいち》国名《こくめい》が長《なが》い！

ワタ～シハ～
グレート・ブリテン オヨビ
キタアイルランドレンゴウ
オウコクカラ キマシタ～
○月×日(月)
日直
山田
田中(み)
ヨロシク
すげー
なげー

国インフォ

グレート・ブリテン及《およ》び北《きた》アイルランド連合王国《れんごうおうこく》

→ P69

イギリスの正式名称《せいしきめいしょう》は「グレート・ブリテン及《およ》び北《きた》アイルランド連合王国《れんごうおうこく》」といい、**日本《にほん》が使《つか》っている正式名称《せいしきめいしょう》の中《なか》では一番長《いちばんなが》い**国名《こくめい》です。この意味《いみ》は、グレート・ブリテン島《とう》のイングランド、ウェールズ、スコットランド、それに北《きた》アイルランドという4つの国《くに》からなる王国《おうこく》である、ということです。

実《じつ》は、「イギリス」とは**ポルトガル語《ご》で「英語《えいご》」を意味《いみ》する「イングレス」**が変化《へんか》したもので、もともと国名《こくめい》を表《あらわ》す言葉《ことば》ではなかったのです。日本《にほん》は昔《むかし》ポルトガル人《じん》と貿易《ぼうえき》をしていたため、彼《かれ》らが使《つか》う言葉《ことば》に影響《えいきょう》を受《う》けました。

まめちしき 昔《むかし》はイギリスを、「英吉利」と書《か》いていましたが、やがて「英国《えいこく》」になりました。

タイ

首都《しゅと》の名前《なまえ》が世界一長《せかいいちなが》い！

国インフォ

タイ王国《おうこく》

→ P28

呪文《じゅもん》？
オレ、タイ人《じん》！
クルンテープ・マハーナコーン・アモーンラッタナコーシン・
マヒンタラーユッタヤー・マハーディロック・ポップ・
ノッパラット・ラーチャタニーブリーロム・ウドムラーチャ
ニウェートマハーサターン・
アワターン
サティット・サッカタッテ
生《う》まれ！

タイの首都《しゅと》はバンコク。しかし、国内《こくない》での正式名称《せいしきめいしょう》は「クルンテープ・マハーナコーン・アモーンラッタナコーシン・マヒンタラーユッタヤー・マハーディロック・ポップ・ノッパラット・ラーチャタニーブリーロム・ウドムラーチャニウェートマハーサターン・アモーンピマーン・アワターンサティット・サッカタッティヤウィサヌカムプラシット」です。

この超長《ちょうなが》い名前《なまえ》は、１７８２年《ねん》にタイ王室《おうしつ》の初代王様《しょだいおうさま》がつけたもので、要約《ようやく》すると「神々《かみがみ》によって造《つく》られた天使《てんし》の都《みやこ》」という意味《いみ》。長《なが》すぎるので、国民《こくみん》は「クルンテープ」とよんでいます。

まめちしき　「バンコク」とは「植物《しょくぶつ》のマコークが生《お》いしげる水辺《みずべ》の村《むら》」という意味《いみ》。

マダガスカル

絶滅《ぜつめつ》しそうな動植物《どうしょくぶつ》が、世界一《せかいいち》多《おお》い！

国インフォ

マダガスカル共和国《きょうわこく》

- 首都《しゅと》:アンタナナリボ
- 面積《めんせき》:58.7万《まん》km²
- 言語《げんご》:マダガスカル語《ご》、フランス語《ご》

　マダガスカルは、アフリカ大陸《たいりく》南東《なんとう》のインド洋《よう》にうかぶ、世界《せかい》で4番目《ばんめ》に大《おお》きな島《しま》。ここは、なんと8000万年以上前《まんねんいじょうまえ》に大陸《たいりく》から分《わ》かれてできました。長年《ながねん》、大陸《たいりく》からはなれていたため、この島《しま》でしか見《み》られない動植物《どうしょくぶつ》が数多《かずおお》くいるんです。

　島《しま》に生息《せいそく》する動植物《どうしょくぶつ》の種類《しゅるい》は約《やく》25万種《まんしゅ》。この約《やく》9割《わり》がマダガスカルだけに生息《せいそく》する固有種《こゆうしゅ》です。ワオキツネザル、ホウシャガメ、パンサーカメレオン、アカトマトガエルといった珍《めず》しい生物《せいぶつ》たちは、世界中《せかいじゅう》の生物学者《せいぶつがくしゃ》や観光客《かんこうきゃく》の注目《ちゅうもく》を集《あつ》めています。

　しかし、2020年現在《ねんげんざい》では、

マダガスカルの2591種類《しゅるい》もの動植物《どうしょくぶつ》が、絶滅《ぜつめつ》するかもしれないといわれています。中《なか》でも、ほぼすべてが固有種《こゆうしゅ》のキツネザルは、107種《しゅ》のうち103種《しゅ》が絶滅《ぜつめつ》の危険《きけん》にさらされています。

動植物《どうしょくぶつ》たちを追《お》いつめている主《おも》な原因《げんいん》は、森《もり》の木《き》を切《き》る伐採《ばっさい》や、法律《ほうりつ》を破《やぶ》って動物《どうぶつ》をつかまえる密猟《みつりょう》です。密猟者《みつりょうしゃ》たちは、高級《こうきゅう》な木《き》や珍《めず》しい動物《どうぶつ》を、豊《ゆた》かな国《くに》に売《う》ることでお金《かね》をもうけています。失《うしな》われた動植物《どうしょくぶつ》はもとに戻《もど》りません。私《わたし》たちは、ふだんの生活《せいかつ》や買《か》い物《もの》の中《なか》で、知《し》らずに森林破壊《しんりんはかい》や密猟《みつりょう》に協力《きょうりょく》しないように、気《き》をつけなければなりません。

まめちしき　キツネザルは現地《げんち》で「死者《ししゃ》のたましい」ともよばれています。

ボリビア

世界一高《せかいいちたか》い首都《しゅと》は富士山《ふじさん》とほぼ同《おな》じ高《たか》さ！

国インフォ

ボリビア多民族国《たみんぞくこく》

- 首都《しゅと》:ラパス
（憲法上《けんぽうじょう》はスクレ）
- 面積《めんせき》:110万《まん》㎢
- 言語《げんご》:スペイン語《ご》、ケチュア語《ご》、アイマラ語《ご》など

南《みなみ》アメリカ大陸《たいりく》の中央《ちゅうおう》に位置《いち》するボリビアの首都《しゅと》・ラパスの標高《ひょうこう》は、約《やく》3600m。なんと、富士山《ふじさん》の頂上《ちょうじょう》3776mとほぼ同《おな》じ高《たか》さです。ボリビアの玄関《げんかん》であるエルアルト国際空港《こくさいくうこう》は標高《ひょうこう》4000m。日本人《にほんじん》は、空港《くうこう》に着《つ》いたとたんに高山病《こうざんびょう》になるかもしれません。高山病《こうざんびょう》とは、急《きゅう》に空気《くうき》のうすい高《たか》いところに行《い》くと、頭《あたま》が痛《いた》くなったり気分《きぶん》が悪《わる》くなったりする症状《しょうじょう》のことで、ひどくなると死《し》んでしまうこともあります。でも、生《う》まれた時《とき》から空気《くうき》のうすいところで暮《く》らしているラパスの人々《ひとびと》は、へっちゃらみたいですね。

まめちしき　スクレは憲法上《けんぽうじょう》の首都《しゅと》、ラパスは事実上《じじつじょう》の首都《しゅと》とされています。

エジプトなど

世界一長《せかいいちなが》い川《かわ》はアフリカのナイル川《がわ》。

アホらしい…
トイレットペーパーで測《はか》ってみるぞ！

国インフォ

エジプト・アラブ共和国《きょうわこく》

- ●首都《しゅと》:カイロ
- ●面積《めんせき》:100万《まん》km²
- ●言語《げんご》:アラビア語《ご》、英語《えいご》

アフリカのナイル川《がわ》は全長《ぜんちょう》6695kmで、世界最長《せかいさいちょう》。ルワンダから流《なが》れ出《だ》し、エジプトなど10カ国《こく》を通《とお》って地中海《ちちゅうかい》に注《そそ》いでいます。日本《にほん》のある会社《かいしゃ》の調査《ちょうさ》によると、この長《なが》さはなんと**1個《こ》60mのトイレットペーパー11万《まん》1583個分《こぶん》に相当《そうとう》**するそうです。

ナイル川《がわ》に次《つ》ぐ長《なが》い川《かわ》は、6516kmの南米《なんべい》のアマゾン川《がわ》ですが、測《はか》り方《かた》によってはアマゾン川《がわ》が世界最長《せかいさいちょう》だとする説《せつ》もあります。水源地《すいげんち》や河口《かこう》をどことするか、また、いくつもに枝分《えだわ》かれしている場合《ばあい》、どれを測《はか》るかによって川《かわ》の長《なが》さが変《か》わるため、正《ただ》しい長《なが》さを測《はか》るのはとても難《むずか》しいのです。

まめちしき　ナイル川沿《かわぞ》いの地域《ちいき》に文明《ぶんめい》が栄《さか》え、ピラミッドが作《つく》られました。

バチカン

世界一《せかいいち》狭《せま》くて、世界一《せかいいち》人口《じんこう》が少《すく》ない！

国インフォ

バチカン

●首都《しゅと》:バチカン市国《しこく》（都市国家《としこっか》）
●面積《めんせき》:0.44㎢
●言語《げんご》:ラテン語《ご》、イタリア語《ご》

バチカンは、カトリック教会《きょうかい》の中心地《ちゅうしんち》で、最高指導者《さいこうしどうしゃ》であるローマ教皇《きょうこう》が住《す》む所《ところ》です。ここは、ローマ教皇《きょうこう》をトップとする「バチカン市国《しこく》」という国《くに》でもあります。

イタリアの首都《しゅと》ローマの中《なか》にあり、国土《こくど》は東京《とうきょう》ディズニーランドに収《おさ》まるサイズです。国民《こくみん》は615人《にん》（2018年時点《ねんじてん》）。始《はじ》まりは、ローマ帝国《ていこく》のネロ皇帝《こうてい》に殺《ころ》されたキリストの弟子《でし》ペテロが、バチカンの丘《おか》に埋葬《まいそう》されたことだと伝《つた》わります。サン・ピエトロ大聖堂《だいせいどう》やシスティーナ礼拝堂《れいはいどう》などの有名《ゆうめい》な建物《たてもの》があり、国全体《くにぜんたい》が世界遺産《せかいいさん》に登録《とうろく》されています。

まめちしき　2番目《ばんめ》に小《ちい》さい国《くに》はモナコ（2㎢）、3番目《ばんめ》はナウル（21㎢）です。

中国

最長《さいちょう》2m72cm！超長髪《ちょうちょうはつ》の女性《じょせい》が世界一《せかいいち》多《おお》い村《むら》。

国インフォ

中華人民共和国《ちゅうかじんみんきょうわこく》

→ P92

中国南部《ちゅうごくなんぶ》にある広西《こうせい》チワン族《ぞく》自治区《じちく》に、「天下第一長髪村《てんかだいいちちょうはつむら》」とよばれる村《むら》があります。この村《むら》に住《す》むホンヤオ族《ぞく》の女性《じょせい》たちは、髪《かみ》をのばし続《つづ》ける習慣《しゅうかん》があります。

２００２年時点《ねんじてん》では、髪《かみ》の長《なが》さが１m40cm以上《いじょう》の人《ひと》が60名《めい》ほどもいたそうです。２０１８年《ねん》の報道《ほうどう》では、最長《さいちょう》なんと2m72cm！ ふだんは髪《かみ》をターバンのように頭《あたま》に巻《ま》きつけています。彼女《かのじょ》たちは、70～80代《だい》になっても豊《ゆた》かでつややかな黒髪《くろかみ》を保《たも》っています。その秘《ひ》けつは、米《こめ》のとぎ汁《じる》などの天然《てんねん》のシャンプーを使《つか》うこと。ちなみに男性《だんせい》はふつうのシャンプーを使《つか》っているそうです。

まめちしき 旧暦《きゅうれき》3月《がつ》3日《にち》には、髪《かみ》を川《かわ》で洗《あら》ってくしでとかす伝統行事《でんとうぎょうじ》が行《おこな》われます。

ウソみたいだけど実在《じつざい》する！ 世界《せかい》のめっちゃスゴい国《くに》

2020年10月15日初版印刷
2020年11月　1日初版発行

編集人　山本祐介
発行人　今井敏行
発行所　JTBパブリッシング
〒162-8446
東京都新宿区払方町25-5
編集：☎03-6888-7878
販売：☎03-6888-7893
https://jtbpublishing.co.jp/

編集・制作
海外情報事業部

印刷所
大日本印刷

DTP
オフィス鐵

編集協力・執筆
風来堂
（鈴木さや香／林 加奈子／
菅沼佐和子／稲葉美映子／今田 洋／
神谷 郁／今田 壮）

デザイン
United（前田宏治）

イラスト
ブタネコ本舗

写真提供
Shutterstock / アフロ、suphanat / shutterstock、Vixit / shutterstock、Bule Sky Studio / shutterstock、Johnny Adolphson / shutterstock、Photoshot / GettyImages

204647　701820
978-4-533-14270-3　C8025

●本書に掲載している情報は、原則として2020年8月末日現在のものです。発行後に変更になる場合があります。●本書に掲載している各種データ、各国の首都・面積などは、一部を除き2020年8月末日現在の外務省「国・地域」ホームページにもとづいています。●国名や国旗は、変更される場合があります。●本書に掲載している国名・地名は、通称名を用いている場合があります。●本書に掲載している地図は、わかりやすく各国を紹介するため、一部の離島を割愛していたり、国境線を簡略化している場合があります。●イラスト部分には、一部誇張した表現が含まれています。

絵本
701820